ISG 混合动力技术：
用于移动供电的系统设计与能量管理策略研究

曾繁琦　资新远　卜建国　袁晓静　王旭平　著

西北工业大学出版社

西安

【内容简介】 本书分为 6 章，内容包括 ISG 混合动力系统设计、ISG 电机优化设计、逻辑规则能量管理策略优化、基于工况识别算法的自适应能量管理策略以及系统关键总成参数优化等。为解决现有移动式供电技术存在的发电品质差、影响车辆性能等问题，本书以某型越野车辆为原型车，采用分步的形式实现用于移动供电的 ISG 混合动力系统这一目标：①设计专用发电机完成装车发电，实现驻车发电技术形式并推广应用，扩展电机功率并完成移动式发电车的改装与 ISG 混合动力升级，通过分阶段对电机进行试制与优化设计以改善发电车的供电品质；②在实现混合动力功能的基础上，开展混合动力能量管理策略研究与系统关键参数设计。

本书可作为高等学校机械工程、机械工程及其自动化、机电工程、车辆工程等专业专科、本科生、部分专业研究生的教材，也可供相关领域科研工作者阅读参考。

图书在版编目(CIP)数据

ISG 混合动力技术:用于移动供电的系统设计与能量管理策略研究 / 曾繁琦等著. —西安：西北工业大学出版社，2021.12
 ISBN 978-7-5612-8012-6

Ⅰ. ①Ⅰ⋯　Ⅱ. ①曾⋯　Ⅲ. ①混合动力汽车-供电-研究　Ⅳ. ①U469.7

中国版本图书馆 CIP 数据核字(2021)第 272270 号

ISG HUNHE DONGLI JISHU：YONGYU YIDONG GONGDIAN DE XITONG SHEJI YU NENGLIANG GUANLI CELUE YANJIU

ISG混合动力技术:用于移动供电的系统设计与能量管理策略研究

责任编辑：华一瑾	策划编辑：华一瑾
责任校对：高茸茸	装帧设计：李　飞

出版发行：西北工业大学出版社
通信地址：西安市友谊西路 127 号　　邮编：710072
电　　话：(029)88491757,88493844
网　　址：www.nwpup.com
印 刷 者：陕西向阳印务有限公司
开　　本：787 mm×1 092 mm　　1/16
印　　张：9.875
字　　数：234 千字
版　　次：2021 年 12 月第 1 版　　2021 年 12 月第 1 次印刷
定　　价：48.00 元

如有印装问题请与出版社联系调换

前　言

随着陆战平台技术要求的提高,以及未来战场环境的不断变化,基于电能的武器系统的技术研究日益受到世界各国的重视,其研究重点主要是两方面:①系统的工程化和小型化,其车载化应用成为未来的发展趋势;②系统的供电能力和性能指标,需要多规格的电力能源作为支撑以减轻后勤保障压力,提高军队的战斗力和快速反应能力。因此,利用车辆底盘进行集成式发电系统改装日益受到重视。

本书通过系统设计和能量管理策略两大技术主线展开,全书重点介绍了ISG（Integrated Starter Generator,集成启动/发电一体化电机）混合动力系统设计、ISG电机优化设计、逻辑规则能量管理策略优化、基于工况识别算法的自适应能量管理策略和系统关键总成参数优化等五个部分的内容,其创新性体现在以下三方面。

(1) 立足移动式供电技术的车辆方案与用电设备供电需求,在电机设计前两个阶段的基础上进一步对ISG电机进行优化设计,优化了发电指标。从而改善了ISG混合动力车辆的供电品质,可以满足国家标准中规定的Ⅰ类电站要求。电机的设计结构使得原型车辆底盘改装程度较小,不仅降低了改装难度,也缩短了供电系统开发周期并使其得到快速推广,从而在较短时间内满足军品市场需求。

(2) 电机优化设计方法是一种集试验设计、近似模型、全局优化于一体的组合优化策略,既发挥了试验设计方法有效获取信息数据的能力,又具有近似模型的高精度预测能力,同时,还兼顾了全局优化算法的全局性,该算法可以提高优化精度与效率,大大降低了电机有限元计算成本。

(3) 引入瞬时优化算法实现了对逻辑规则能量管理策略的优化,解决了传统瞬时优化方法难以维持SOC的问题,两种策略的组合比单独应用某一控制策略要有更好的效果,也符合混合动力越野车辆能量管理策略未来的发展趋势。

本书旨在为车辆工程与相关行业从事技术研发的专业人员提供系统的混合动力技术参考资料,通过本书的学习,读者能建立车辆构造、车辆理论、车辆设计以及汽车系统动力学的概貌及其基本知识,熟悉相关的电机优化设计方法、能量管理策略和关键总成参数优化匹配方法,使读者能逐步掌握开展混合动力技术研究工作的基本技能,为后续的实装应用打好坚实基础。另外,本书还邀请了陆军军事交通学院的资新运、卜建国以及火箭军工程大学的袁晓静、王旭平4位专家参与审稿或编撰,力求内容充实、概念准确、全面。

写作本书曾经阅了相关文献、资料,在此,谨向其作者深表谢意。

由于笔者水平有限,本书内容的深度和广度尚存在欠缺,欢迎广大同仁、读者予以批评指正。

著　者

2021年5月

目 录

第1章 绪论 ·· 1
   1.1 移动式供电技术 ·· 2
   1.2 ISG 混合动力技术 ··· 8
   1.3 电机优化设计方法 ··· 13
   1.4 混合动力车辆能量管理策略 ·· 15
   1.5 本书的主要内容和思路 ·· 24

第2章 ISG 混合动力系统设计 ··· 26
   2.1 原型车辆模型的建立与验证 ·· 26
   2.2 移动式供电系统需求分析 ·· 36
   2.3 ISG 混合动力系统方案设计 ·· 41
   2.4 ISG 混合动力系统模型的建立与性能分析 ······························· 42
   2.5 小结 ·· 52

第3章 ISG 电机优化设计 ··· 54
   3.1 ISG 电机模型的建立 ·· 54
   3.2 ISG 电机性能分析 ··· 58
   3.3 基于试验设计的代理模型研究 ·· 61
   3.4 基于代理模型的 ISG 电机优化设计方法 ································· 72
   3.5 最优方案发电指标评价 ·· 82
   3.6 小结 ·· 83

第4章 逻辑规则能量管理策略优化 ··· 85
   4.1 逻辑规则能量管理策略设计 ·· 85

— I —

4.2 ISG 混合动力系统逻辑规则能量分配方法 ·· 87
4.3 基于 SOC 惩罚函数的能量管理策略优化方法 ·································· 107
4.4 整车发电指标评价 ·· 113
4.5 小结 ·· 115

第 5 章 基于工况识别的自适应 PF-EEMS ·· 116
5.1 行驶工况特征参数优化 ·· 116
5.2 基于 K-means 聚类的工况识别算法 ·· 119
5.3 基于工况识别的自适应实时优化能量管理策略 ································ 125
5.4 小结 ·· 131

第 6 章 ISG 混合动力系统关键总成参数优化 ·· 132
6.1 ISG 混合动力系统参数匹配方法 ·· 132
6.2 ISG 混合动力系统关键总成参数选取 ·· 133
6.3 ISG 混合动力系统关键总成参数优化 ·· 136
6.4 小结 ·· 140

参考文献 ·· 141

第1章 绪　　论

为满足未来陆战平台的更高要求[1]，适应复杂多变的战场环境，世界各军事强国均加快了对基于电能的武器系统的技术研究，工程化和小型化技术成为了研究重点，其车载化应用成为了未来陆战平台的发展趋势。同时，随着电子对抗、防护、探测、干扰等新技术在未来战场上的应用，也需要多规格的电力能源作为支撑以减轻后勤保障压力[2]。随着我军各军兵种武器装备系统的逐步更新换代和现代化水平的不断提高，装备趋向于车载化发展的同时，各种用电装备对电力保障的要求也越来越高。目前我军广泛采用的车载发电机组和取力发电系统普遍存在维修保养困难、持续工作能力不足、发电效率偏低，以及发电品质有待提高等问题，已经不能满足用电装备的使用要求，严重影响了军队的战斗力和快速反应能力。因此，利用越野车辆进行集成式发电系统改装日益受到重视[3]。

越野车辆在战场条件下面临的行驶工况十分复杂，往往需要装配大功率柴油发动机以提高其快速机动反应能力，但同时会导致车辆燃油经济性变差，从而增大了战场后勤保障压力、降低了作战半径。此外，发动机的红外热成像影响了越野车辆在某些特殊条件下的隐蔽性，使得"静默行驶"功能成为车辆的迫切需求，因此集成式发电系统需要最大限度地发挥电机的性能优势，使得系统兼具纯电动行驶、行车发电等混合动力功能，能够在保证车辆动力性的前提下提高其经济性，满足未来越野车辆进行不同作战任务、适应各种战场环境的需求。这对提升军队战场持续作战能力和减轻后勤保障压力具有重要军事意义，同时混合动力越野车辆作为各种武器装备的最佳承载平台和应用平台也是未来越野车辆发展的必然趋势[4]。

基于发电系统的混合动力越野车辆可以解决车载装备电力需求问题，可以提高越野车辆信息化水平及控制水平。它不仅仅是一个单纯的作战指挥平台，而且还是一个能源平台。如何提升供电系统的发电指标，且对系统各部件之间的能量流动进行合理分配是能否发挥整车性能潜力的关键。基于发电系统的混合动力越野车辆以供电作为主要功能，其发电指标直接影响供电能力，那么，合理的电机结构设计对于改善发电指标就显得尤为重要。混合动力系统关键参数设计与能量管理策略制定是混合动力越野车辆研究的关键问题之一，系统参数设计决定了混合动力越野车辆匹配成本与整车性能，而控制策略能否适应战场环境下复杂的行驶工况是能否发挥电机性能优势的关键，车辆性能在很大程度上依赖于系统关键参数的合理设计与动力源的协调控制。因此，设计合理的系统部件参数与控制策略对提升混合动力越野车辆的发电品质、动力性和经济性等性能具有重要意义。

1.1 移动式供电技术

在现代战场环境下,移动供电系统可以为用电装备提供电力保障,它也是广义上的一种车载移动电源。面对日益增长的用电需求和传统电源系统存在的诸多问题,国内、外都研制了新的移动式供电技术。

1.1.1 国外研究现状

美军先后推出了第三代发电机、新型储能系统、混合智能电源和燃料电池等多种替代能源,以适应美军战场电源"更小、更轻、更高效、成本更低"的新作战要求[5]。

(1)传统电源升级。针对当前使用的第二代发电机存在高燃料消耗、噪声大、可靠性和可维修性差等不足,美军正在加紧对第三代发电机进行研发。研发出的中型高级移动电源具有功率覆盖广、匹配燃料类型多、带有高海拔脉冲自保护系统等优点,现已大量列装部队,替代了传统的战术静音移动电站。

(2)混合动力发电。随着混合动力技术的逐步成熟,美军利用混合动力车辆发电效率高的优势,将车辆动力单元和储能元件作为电源为武器装备供电。此外,混合动力系统还有助于提高越野车辆的动力性能以及改善经济性能。2008年,美国奥什科什公司采用混合动力技术,为美国海军陆战队的中型战术车辆(Medium Tactical Vehicle Replacement,MTVR)开发了车载式发电系统(On-Board Vehicle Power System,OBVPS),如图1-1所示。该车在驻车发电模式下发电功率可达120 kW,在行车发电模式下可输出21 kW的功率,可满足小型飞机场供电需求,也可为海军陆战队的各种系统、武器和其他装备供电。2012年,BAE系统公司在CV90型步兵战车底盘基础上采用混合电传动系统为美国陆军研制了混合动力型地面战斗车辆(Ground Combat Vehicle,GCV),如图1-2所示。该混合动力系统集MTU(Motoren-und Turbinen-Union Friedrichshafen GmbH)底特律柴油机公司的紧凑型柴油发动机、北美奎奈蒂克公司的"E-X-驱动"变速器以及法国Saft公司的能量存储系统于一体,可提供1 100 kW的输出功率,为信号管理系统、先进的电装甲和定向能武器等车载系统或外部设备提供电力保障。

图1-1 装备OBVPS的MTVR

图1-2 GCV样车模拟图

(3) 混合能源发电。美军与商业公司合作开始致力于混合能源供电型电源车的研究,混合能源型电源车是集风能、太阳能和柴油发动机等发电装置与蓄电池等储能装置于一体的能源供给平台,该电源车主要承担野外作业和作战演习等任务。图 1-3 为美军研制的一款集太阳能板、风力发电装置、蓄电池以及储能设备于一体的多能源电源车。

图 1-3 多能源电源车

(4) 燃料电池发电。AMI,SFC,UltraCell,Protonex 等商业公司生产的质子交换膜燃料电池混合动力车辆已列装美国陆军部队,与传统汽、柴油机相比,燃料电池技术具有低排放、低噪声、燃烧效率高等优势,提高了越野车辆战场环境下的隐蔽性和生存能力,有效缓解了油料物资的后勤保障压力,这也是近些年大量列装美军部队的一个重要原因。

2000 年,美国索拉透平公司推出的 Taurus 60 型移动式发电设备是集成在卡车上的一种成套发电设备,其发电机驱动装置是 Taurus 60 型工业燃气轮机,具有双燃料燃烧系统,因而操作上更加灵活,解决了美国加利福尼亚州频发的供电问题。该成套设备采用 SoLoNox 型低氮氧化物燃烧技术,减少了污染物的排放,并配有消声器,外观轮廓尺寸较小,性能优于其他旋转发电机组所采用的设备,因此也不断受到美国军方的青睐。

2012 年,美国康明斯发电公司研制的 C150D6R 和 C200D6R 型两款新型移动式发电机组额定容量分别为 150 kW 和 200 kW,具有可安静操作、电缆连接快速容易、燃料加注方便、安全性能高等优点,为美军士兵生活用电提供了有力保障。

俄军研制的 AΠA-5Ⅱ 综合型电源车采用将发电机串联于车辆底盘发动机之后的动力集成设计方案,通过两台独立发电机分别实现直流、交流的电力输出。该型电源车虽然采用集成化技术方案,一定程度上保证了车辆的机动性,但是集成两台发电机导致整车系统质量过大,使得整车动力性受到很大影响[6]。

1.1.2 国内研究现状

我军车载式移动电站从 20 世纪 50 年代开始列装,到目前已形成了一个功率等级较多、品种规格齐全的移动电站体系,其电气性能指标基本能满足各军兵种现有装备供电需求。但随着各军兵种武器装备系统的逐步更新换代和现代化水平的不断提高,装备趋向于车载化发展的同时,各种用电装备对电力保障的要求也越来越高。目前广泛采用的车载移动式发电技术已经不能满足用电装备的使用要求,利用越野车辆进行集成式发电系统改装日益受到重视[3]。

目前,我军配备的移动式车载供电装置主要有以下两种类型:①车载发电机组,即将发电机组安装到越野车辆底盘上,为用电装备提供电力保障;②以车辆底盘发动机为动力源的自发电系统,即在变速器或分动器处设置一个取力装置,再由取力装置直接或间接带动发电机产生电力。自发电系统又分为驻车发电和行车发电两种技术形式,驻车发电是经车辆取力传动装置驱动发电机的取力发电,行车发电是采用皮带和皮带轮传动装置驱动发电机的轴带发电。自发电系统相比于车载发电机组更具优势,它体积小、质量轻的优点使其可以充分利用车辆底盘剩余空间,比同功率的柴油发电机组节省一半空间,底盘承载能力也不会降低,发动机"一机多用"使得底盘富余动力可以充分利用,发电系统结构得到了进一步简化,成本降低的同时装备的通用性和机动性也有所提升[3,7]。然而,现有自发电系统也存在发电功率较小、传动机构复杂等问题,因此在用电装备电力保障应用方面受到了限制。

1. 车载发电机组存在的问题

(1)维修保养困难。目前,车载发电机机组主要以风冷和水冷两种冷却方式为主。随着装备的更新换代,现在配备的发电机组以水冷为主。发电机组一般直接选用民用设备,维修保养采用社会化保障形式,但由于部队驻地偏远,并且部队一般不具备拆卸维修的能力,导致发电机组维修保养不够及时。此外,还存在维修费用较高、配件和燃料不统一等问题。

(2)连续工作能力差。现有发电机组一般不具备长时间工作的能力,工作时间过长会导致发动机拉缸的现象,并且靠近发电机组的副油箱经长时间受热产生变形,这一现象在夏季气温条件下尤为明显。此外,发电机组在工作过程中通常禁止加注燃料,导致发电机组无法长时间连续工作,一些车辆不得不配备两套发电机组,导致占用体积和维修保养成本的增加。

(3)二次起动困难。车载发电机组经过一段时间工作停机后,当电力设备需要再次供电时,由于供油柱塞热胀冷缩导致无法供油,此时发电机组起动困难或无法起动。

(4)恶劣环境性能下降。车载发电机组在高原等特殊地域工作时,发电效率会降低,有时甚至不能带负载运行。此外,低温状态下起动也较为困难;车载发电设备还受风沙影响较大。

2. 自发电系统存在的主要问题

(1)改装不统一。取力传动装置、发电机和调速器均由各改装企业自行采购和安装布置,其改装质量和发电系统的性能存在差异,同时存在零部件、电气元件、输出电源插座及插头等接口不能互换等问题,且特种车辆仪器设备类型和品牌太多。这些问题导致维修器材、专用工具大量积压,增大了部队采购、管理和使用维护的难度,从而给我军取力装置发电系统实现高水平通用化、组合化、系列化带来困难[3]。

(2)发电效率低和发电品质差。部分采用取力装置发电的车辆,发电机安装位置距离地面较近,且没有任何防护装置,其涉水密封性要求高,这不利于自身的散热,降低了发电效率。由于轴带自发电系统一般采用传动带同步传动,容易使发电机产生"丢转"现象[7],影响发电效率和发电品质。

(3)影响车辆性能。部分改装企业存在随意改变底盘技术状态的现象,不仅造成底盘性能降低,而且会影响车辆传动系统的正常运行。例如,迷彩作业车采用从分动器取力发电的形式,驻车作业完毕,转换到行车状态时变速器挂挡困难。

(4)行车取电困难。自发电系统中的行车发电技术形式在换挡时会发生动力中断的现象,即驾驶员在踩离合进行换挡时,发电系统的动力也随之中断,影响了系统的供电品质,供电中断导致无法正常使用车载用电装备[8]。因此,现有自发电系统主要基于驻车发电模式,尚不能满足部分装备对行车发电的要求。

(5)技术成熟度低。自发电系统是在原车基础上进行改装,与其他电气系统之间存在电磁兼容性问题,并且其可靠性还有待进一步提高。部分车辆平均故障间隔时间短,故障率较高。虽然国内有些单位已开发了或正在研制利用液压驱动的行车发电系统,但也存在发电效率低、占用空间大等问题。

相比于国外的众多技术革新,国内主要依赖对传统电源系统进行改造升级,对新技术的投入较少。

我国在混合能源发电车领域也取得了一些成果,图1-4为军地联合研发的越野版新能源发电车。然而,目前国内对混合能源发电车的探索还处于初级阶段,仍以模仿国外版本的方式为主进行方案设计或相关配套措施的建设,由改装车厂完成车身制造而增加了成本,最终得到的配置结构也不是最优的。

1-4 我国自主研制的越野版新能源发电车

我军对基于起动/发电一体化系统等混合动力技术的车辆电源系统研究较少,主要集中于装甲车辆。装甲兵工程学院的李长兵等人针对现有装甲车辆发动机起动系统和车载发电系统存在体积质量大、利用效率低、维护困难等问题,提出将ISG技术应用于装甲车辆并进行改进。根据某装甲车辆起动电动机和车载发电机具体性能指标对ISG电机进行了选型,建立ISG控制系统模型,分为起动阶段和发电阶段两部分进行研究。研究结果表明,该电机、控制系统及控制策略性能良好,能够适应该车起动和发电需求,达到了预期控制目标[9]。

1.1.3 发展趋势

早期越野车辆中的用电设备少,需求功率小,因此直流发电机低压供电系统被广泛应用,系统结构如图1-5所示。该系统采用机械式调压器调节激励电流来稳定电压,其电压波动仍然较大,故采用滤波原理来改善供电品质。直流发电机低压供电技术虽然已十分成熟,但是由于直流发电机中电刷的存在导致电机工作可靠性较差,同时机械式调压的控制精度低导致供电质量不高。

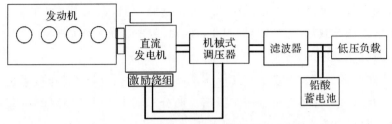

图 1-5　直流发电机低压供电系统结构

随着电子技术和电机控制技术的不断发展,交流发电机低压供电系统(见图 1-6)逐渐取代了直流发电机低压控制系统。该系统采用交流电机、可控硅调压器以及先进的配电装置等,提高了系统的工作可靠性,并且改善了供电质量,通过采用先进的电力电子技术可实现对系统的实时状态监测、故障诊断、故障保护以及电源系统能量的优化管理与控制等。

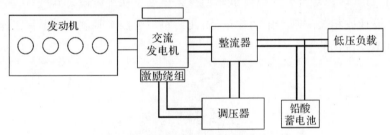

图 1-6　交流发电机低压供电系统结构

上述两种供电系统均采用了所有用电设备挂接到同一供电母线上的单电网模式,这种供电模式在系统关断瞬间会产生瞬间电流冲击,从而引起电压的波动,对一些计算机控制类用电设备会造成严重影响。因此,采用"精电网"和"普通电网"并存的双电网低压供电模式成为车载供电系统的一个发展方向,其结构如图 1-7 所示。精密仪器设备挂接到"精电网"上,其他"不敏感"用电设备挂接到"普通电网"上[10]。

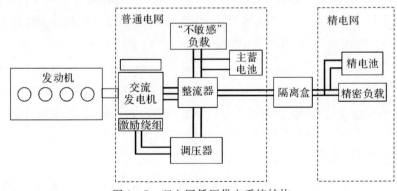

图 1-7　双电网低压供电系统结构

随着新型装备的信息化水平不断提高,各种车载电子设备迅速增加,对供电系统的功率需求也越来越高,低压供电系统已经难以满足大功率负载供电需求,因此,高低压复合供电体制逐渐成为越野车辆供电系统的发展方向。目前,高低压复合供电系统主要包括基于DC/DC升压转换[11][见图1-8(a)]和基于双绕组交流电机[见图1-8(b)]两种供电模式。高低压复合车载供电系统满足了大功率负载的功率需求,特别是基于软开关技术的升压转换装置和功率变换装置的应用,使得电压稳定输出,减小了电流的波动。此外,高低压复合供电系统也可实现车辆动力系统的起动/发电一体化设计。

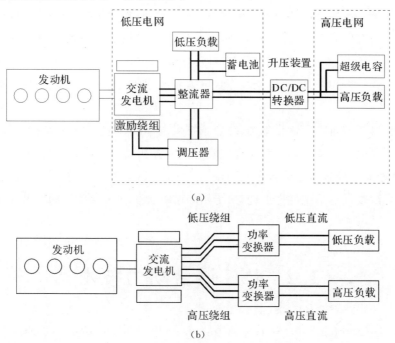

图1-8 高低压复合车载供电系统结构

(a)基于DC/DC升压转换的高低压复合车载供电系统结构; (b)基于双绕组交流电机的高低压复合车载供电系统结构

作为车载用电装置的能源枢纽,移动式供电系统可以影响到的范围包括火力、防护、机动和指挥控制等方面,其性能可直接决定越野车辆的战场生存能力[12]。随着各军兵种武器装备系统的逐步更新换代和现代化水平的不断提高,装备趋向于车载化发展的同时,各种用电装备对电力保障的要求也越来越高,因此移动式供电技术日益受到重视。然而在传统电源系统基础上进行简单升级换代已经不能满足用电装备的使用要求。当前,新的移动式供电技术发展呈现以下趋势。

(1)在开发模式方面,由于基于车辆底盘改装、加装发电机的模式难以实现与车辆的良好匹配,且会增加额外部件,在可靠性、维修保养、发电效率等方面存在不可避免的劣势。因此,开发基于越野车辆的集成式发电系统日益受到重视。

(2)在承载平台方面,混合动力系统由于能够大幅提升车辆的性能,得到了各国的高度重视,各国军队争相研发混合动力越野车辆,混合动力系统势必成为未来越野车辆的标准配置。

(3)在供电体制和电压等级方面,移动式供电系统逐步由低压直流向高压直流、小功率向大功率、单一供电体制向复合供电体制转变,保留低压直流及低压蓄电池的同时,通过双向DC/DC转换器将电压提升,增大电源容量。

(4)在信息技术方面,将智能配电和总线技术应用于车辆电源系统,实现车辆电源系统与发动机、用电设备的协调控制,从而提高供电品质[10]。

随着移动式供电技术的不断发展成熟,通过对电能的传输、转换和控制,电能不仅可以作为车载用电设备工作基础能源,而且还是车辆动力传动系统、武器系统、信息系统和防护系统的共用能源,促进了车辆整体性能的全面提升[1,10]。作为新型移动式供电系统,它应具有能量制式多、容量大、电压等级高、供电品质高,能源形式多样化以及高效率和高电磁兼容性等特点[13],同时也应具有环境适应性强的特点,可适应高海拔、高温、高寒等地区。为满足上述要求,多能源复合式的大功率/大容量车载综合电力系统将成为移动式供电系统的重要发展方向和典型架构模式[10]。

综上所述,以新型越野车辆为基础,结合系统供电体制、复合式能源结构模式、参数匹配与协调控制、功率变换与负载驱动和系统集成管理控制等相关技术研究,在新型越野车辆的底盘上进行改装并建立一种集成于越野车辆的供电系统,可以解决现有移动式供电技术存在的问题,同时顺应现阶段供电系统的发展趋势,为新型装备提供伴随保障的同时可提高车辆的机动性能。

1.2 ISG 混合动力技术

ISG 又名 ISA(Integrated Starter Alternator)和 ISAD(Integrated Started Alternator Damper),是混合动力车辆应用领域一种日趋成熟的技术[14],ISG 系统包括 ISG 电机、电子器件、功率转换器件、储能装置等。ISG 电机主要由永磁转子、定子、离合器和电力输出端子等组成,既可以用作起动机起动发动机,又可以用作发电机,为蓄电池和电力设备提供电能。如图1-9所示。

图 1-9 ISG 电机结构

20世纪90年代以来,国内外所有知名汽车公司均投入巨资开始进行 ISG 技术的研发。在各项混合动力技术中,ISG 技术制造成本最低,最容易实现批量生产。现如今,ISG 混合动力技术已广泛应用于民用车辆和越野车辆领域。

ISG 技术应用于民用车辆领域主要以提升车辆动力性、节能和环保为目的,其具备的起动功能可以使发动机即起即停,从而避免发动机怠速工况;再生制动功能实现车辆制动时制动能量的回收,起到节能的作用;助力功能可以在系统需要时补充额外动力,提高了系统工作效率,减少了尾气和噪声污染。

目前,不同等级 ISG 混合动力技术已经逐渐成熟并广泛应用于民用混合动力车辆领域,丰田 Prius、本田 Insight 和 Civic、凯迪拉克 Escalade、福特 Prodigy 和 Escape、宝马 I3 和 X5、Dodge ESX3、标致·雪铁龙 C4 等车型都采用了 ISG 混合动力技术。此外,为了彰显汽车品牌的技术内涵,许多著名的汽车零部件公司如大陆、萨克斯、博世、西门子等也都竞相研发或采用 ISG 混合动力技术。20 世纪 90 年代,德国大陆公司研制的 ISG 系统由经过特殊设计的异步电机和控制器组成,具有快速起动与辅助驱动的功能。与大陆公司的 ISG 系统不同,萨克斯公司是基于永磁同步电机开发的 ISG 系统,它具有起动性能良好、发电效率高的优点,在怠速状态下就能够满足车载用电设备的电力需求。同样,博世公司也是基于永磁同步电机研制出了 ISG 系统,该系统可以在两种电源下工作,并采用水冷的方式对发动机冷却,能够实现零噪声起动和高功率发电。

2013 年,美国航星国际公司新研制的 DuraStar 混合电传动卡车(见图 1-10)采用并联式 ISG 混合动力系统,ISG 电机布置于自动离合器和自动变速器(Automatic Transmission,AT)之间,在车辆起动和加速时起到助力作用,制动时回收制动能量,提高了行驶过程中的燃油效率。

图 1-10 DuraStar 混合电传动卡车

德国宝马公司的 120i 高效动力轿车(见图 1-11)搭载了博世公司专门为其开发的 ISG 混合动力系统,该系统所具备的记忆起停功能具有明显优势。发动机停机时,ISG 系统记录下此时发动机的曲轴位置,当再次起动发动机时,会缩短起动所需时间,尽量避免出现发动机点火延迟现象。

罗马尼亚克鲁日技术大学的 Viorel 等人研究了 ISG 电机的基本特性,仿真分析了不同定子绕组匝数对电机电动转矩和发电功率的影响。结果表明,设计的电机满足所提出的 ISG 系统设计要求,ISG 混合动力系统可实现轻度混合动力车辆的发动机起动、能量回收以及辅助加速等功能,具有改善燃油经济性、减少废气排放和提高电力性能等优点[15]。

图 1-11　宝马 120i 高效动力轿车

为了达到节能减排的目的，国内民用车辆领域也逐渐重视对 ISG 混合动力技术的研究。

长安汽车集团公司与多家科研院所合作，在"羚羊"轿车平台上开展 ISG 混合动力技术研究，在整车动力性、燃油经济性、排放性等方面均达到了预期效果，与同档次传统车相比，成本增加低。此外，长安志翔、奇瑞 A5、中国第一汽车集团有限公司 B70HEV（Hybrid Electric Vehicle，混合动力汽车）、东风 EQ7200HEV 等知名国内汽车品牌也都采用了 ISG 混合动力技术，主要技术指标均达到国内领先水平。

上海汽车集团有限公司荣威 550 插电式混合动力轿车（见图 1-12）搭载了由 1.5 L 自然吸气发动机和双电机组成的 ISG 混合动力系统，整车最大输出功率为 147 kW，同时配备了智能电子变速器和 11.8 kW·h 的动力电池组，其纯电动续驶里程为 50 km，油耗可降低 70% 以上，达到 2.3 L/100 km。

图 1-12　上海汽车集团有限公司荣威 550 插电式混合动力轿车

吉利控股集团华普海尚 MA 是吉利汽车公司联合上海交通大学采用 ISG 混合动力技术改造开发的一款中度混合动力轿车，如图 1-13 所示。该车的混合动力系统采用并联式混合动力系统结构，发动机曲轴与 ISG 电机转轴直接相连，系统结构布置紧凑，具有可靠性高、成本低的优势，可降低 20% 左右的燃油消耗。

广西玉柴机器集团有限公司的城市客运型混合动力汽车是与高等院校合作开发研制的，其采用单轴并联式 ISG 混合动力技术，以柴油机和 ISG 电机共同作为车辆的驱动力，车辆无论在加速还是减速时，ISG 电机均发挥出了明显优势，使得整车效率高、行驶油耗低、尾气排放少。

图1-13 华普海尚MA混合动力轿车

厦门金龙旅行车有限公司基于混合动力公交车的特点对整车参数和ISG系统主要部件进行了优化,以中国典型城市试验工况作为循环工况,分别对ISG型样车和传统车进行了油耗测试。相比于传统车,加装ISG混合动力系统的混合动力公交车节油率可达50%以上,结果表明,ISG混合动力技术在混合动力公交车上应用前景较好。此外,国内的上汽、一汽、宇通等公交车生产企业也竞相开发研制ISG混合动力公交车,ISG混联型混合动力公交车慢慢抢占了市场的主要地位。

长安大学的宋真玉以上海大众POLO为原型车,以ISG混合动力系统为基础,进行了动力总成关键部件的选型与匹配,并对改进之后的ISG型HEV的整车性能进行仿真试验,最终实现了通过消耗较低的燃油实现较好动力性的效果[16]。

2003年,美国NAC公司研发中心成立"42 V R&D"项目组,开展ISG混合动力技术、智能电池技术、关键部件技术等先进移动式能量技术的研究。

美军研制了新一代"悍马"车辆,该车辆集2.5 L柴油发动机、110 kW电机与20 kW·h锂离子动力电池于系统中,具有的纯电动功能可实现车辆在危险地域的"静默行驶",起到"隐身"的效果,纯电动续驶里程为32 km。目前,美军正在研发的新一代8×8装甲战车也将采用ISG混合动力技术。

德国MTU公司研制的4LMT897(见图1-14)和6VMT890(见图1-15)两种混合动力装置均由柴油发动机和ISG电机组成,应用于坦克动力传动系统,坦克在行驶过程中既可以实现联合驱动行驶,也可以实现仅由大容量蓄电池提供动力的纯电动行驶,扩大了蓄电池能量补给来源,可以外接电源向坦克充电。

图1-14 4LMT897混合动力装置

图1-15 6VMT890混合动力装置

2014年,法国总装备部与雷诺卡车防务公司合作,在VAB(Vehicule de l'Avant Blinde)装甲车上应用ISG混合动力技术,研发了VAB混合动力装甲运输车,如图1-16所示。该车的ISG电机安装在柴油发动机和AT之间,至少可以满足75 kW的功率输出,发动机提供30%~50%的动力,混合动力系统可实现车辆短时间"静默行驶"的功能,复杂地形环境下行驶可节油20%~30%,研发成本增加低,该混合动力系统也将推广到陆军装甲侦察车和多用途装甲战车上。

图1-16　VAB混合动力装甲运输车

2016年,爱沙尼亚Milrem Robotics公司研制了一款模块化混合动力无人车THEMIS,如图1-17所示。其基本设计概念是将柴油发动机、ISG电机、电池组以及超级电容等部件全部集成于履带式车体内,而车辆中部空出的平台用于搭载各种作战任务模块,这种全新的概念可实现无人车低温快速起动或动力辅助。

图1-17　THEMIS混合动力无人车

为提升越野车辆机动性能,中国也在积极推动ISG混合动力技术在越野车辆上的应用,但相关研究还为数不多。2006年,中国出台了电动军车框架性配置:研发一款搭载混合动力总成(发动机串联电机)、四轮驱动以及承载式车身的轻型(0.5 t级/0.75 t级)越野指挥车;2009年,电动军车项目转为高原电动军车,以勇士车作为基型车对高原电动军车项目进行了重新立项;2013年,由地方研究所和军方保障部队等多家单位协同研制出了一款高原电动军车,如图1-18所示,该车采用ISG混合动力技术,使得整车在加速性、匀速行驶噪声抑制与轮上质量等方面均实现了优化设计。

图 1-18　高原电动军车

目前,中国的 ISG 混合动力技术研究主要表现在民用领域,在越野车辆上的应用研究与国外还有很大差距。越野车辆采用 ISG 混合动力技术后可为车载用电设备或其他外部武器装备提供电力保障的同时,还能够提升车辆动力性和经济性,因此,开发满足越野车辆战技指标和未来战场需求的 ISG 混合动力系统具有重要意义。

1.3　电机优化设计方法

基于发电系统的混合动力越野车辆的主要功能是为车载武器装备提供电力保障,其发电指标直接影响车辆供电能力,关乎武器装备能否正常使用,那么,合理的电机结构设计对于提升供电系统的发电指标就显得尤为重要。电机设计需要确定一定数量的尺寸和材料参数,是一个多变量、多约束、非线性的多目标数学问题,目前国内外很多学者已经对电机优化设计方法进行了大量研究。

(1) 基于磁路法的优化方法。Bazghaleh 等人采用传统的磁路法和有限元法对永磁电机进行优化设计[17-19],但精度低、计算量大。因此,为了提高精度与减少计算量,逐渐形成了采用有限元法与局部或全局优化算法相结合的优化方法替代传统方法的研究趋势。

(2) 田口(Taguchi)试验方法。Srikomkham 等人针对永磁分压电容式单相感应电机转子设计问题提出了一种优化方案,以起动转矩和电机效率为优化目标,采用田口试验方法与有限元相结合的方法进行多参数优化设计,并计算分析了起动转矩和电机效率[20]。

Waegyeong 等人基于 Taguchi 的试验设计方法确定了小电刷型直流电动机电刷加速磨损的条件,分析了工作电压、电流负荷、转速以及环境温度等因素对电刷磨损的影响程度,但没有进行电机的优化设计[21]。

胡岩等人针对航空用高速永磁发电机电磁设计问题,以发电效率为优化目标,采用 Taguchi 法与有限元相结合的方法,得到了满足发电机性能的最佳设计组合参数[22]。

刘彦呈等人以无人水下航行器推进用内置式永磁同步电机为研究对象,采用有限元法确认了各优化参数及取值范围,以效率、永磁体用量、转矩脉动为优化目标,通过 Taguchi 法对电机进行优化设计,得出了电机多目标优化设计的方案[23]。

Yang 等人采用结构计算的方法对开关磁阻电机进行了设计，以效率为优化目标，通过 Taguchi 法对电机效率进行优化设计，为设计出更高效率的开关磁阻电机提供参考[24]。

李建军等人针对表面式永磁同步电机的特点，以电机的齿槽转矩、效率和磁钢用量为优化目标，利用有限元参数化扫描与 Taguchi 法相结合的方法对电机进行多目标优化设计，分析得到优化后的最佳参数组合[25]。

Taguchi 方法是日本著名统计学家田口玄一在研究 2 水平和 3 水平正交数组的基础上得到的，通过建立正交试验实现优化设计获得局部最优解，但是无法实现全局最优。

(3)智能优化算法。Ishikawa 等人为了克服传统优化方法的不足，将多种群遗传算法与有限元软件相结合，对无铁芯永磁直线同步电动机的推力体积比、电机常数和推力波动等参数进行了优化[26]。

Sadeghi 等人针对传统磁滞电机低效率、低功率因数的缺点，将无铁芯双圆盘结构引入到电机设计中，初步提高了电机效率，采用遗传算法解决了该新型磁滞电机的效率优化问题，输出功率和效率的理论值与实测值吻合较好，验证了算法的有效性[27]。

石书琪等人将遗传算法应用到双馈风力发电机优化设计当中，全局寻求电机的最优成本[28]。

金亮等人针对传统优化方法的不足，将遗传算法同有限元相结合，以感应电压和磁通密度作为优化目标，完成永磁同步发电机的优化[29]。

吕刚等人建立多目标优化函数模型，通过遗传算法求解，在特定约束条件下，实现了直线感应电机性能参数的优化计算[30]。

Thejaswini 等人将遗传算法应用到风力涡轮发电机优化设计中，分析了不同工况下的电机性能，遗传算法的应用有助于选择更好的发电机设计参数[31]。

舒鑫东等人以齿槽转矩为优化目标，利用遗传算法对高速电主轴永磁电机进行了综合优化[32]。

Razik 等人介绍了一种利用输出误差辨识感应电机参数的方法，证明了遗传算法和拟牛顿法是识别感应电机参数的有力工具，两种优化算法对于线性和非线性模型均适用，验证了两种算法的有效性[33]。

郎旭初等人在采用等效磁路的方法对汽车用永磁发电机进行初步设计的基础上，以电机效率为优化目标，运用拟牛顿法和模式搜索法对电机进行了优化，得到了发电机优化变量和性能参数的优化结果[34]。

遗传算法、拟牛顿法和模式搜索法已经是应用比较成熟的优化算法，遗传算法能有效地避免优化过程陷入局部最优，搜寻到全局最优解，但它仍然具有收敛速度较慢、后期优化效率较低等缺点。拟牛顿法迭代次数较多、计算量较大。而模式搜索法对起始点比较敏感，对于某些起始点只能得到局部最优点。同时与电机优化相结合的贪心算法、爬山算法等优化算法也容易使得优化过程陷入局部最优。

(4)解析优化方法。Shiri 等人采用解析优化方法对普通复合次级直线电机的初级和次级同时进行了优化设计,使得电机重量及其性能均达到比较满意的结果[35],但对于有些复杂的非线性优化问题,解析优化方法是不适用的。

(5)基于代理模型的优化方法。近年来,基于代理模型的多目标优化方法被引入到电机的优化设计中,从而提高了优化效率,已经有学者通过大量的仿真试验和实际电磁设计对其可靠性进行了验证。Zhang 等人将 Kriging 代理模型引入到多目标优化设计中,Kriging 方法拟合得到的代理模型具有全局和局部的统计特性,拟合精度较高[36-38],从而使得多目标优化方法得到进一步发展,即代理模型与随机优化算法相结合成为近年来电机优化问题研究的新趋势。

Zhang 等人将优化拉丁超立方设计方法引入到 Kriging 模型和传统遗传算法相结合的优化算法中,以减小永磁直线同步电机的边端定位力为目标,对电机参数进行优化设计,实现了良好的优化效果[36]。

Kim 等人采用基于传统拉丁超立方设计方法的 Kriging 模型和传统遗传算法得到了内置式永磁同步电动机转子的最佳形状,在减小齿槽转矩的同时,实现了宽转速范围[37]。

汤春球等人采用了传统拉丁超立方设计方法、Kriging 模型以及全局优化算法相结合的优化方式,被优化对象的性能较优化前显著提高,验证了所提出的性能优化方法是有效的[39-40]。上述研究虽然得到了令人满意的优化结果,但是由于一些传统方法的局限性,优化过程不能快速高效地进行,因此优化方法仍有待进一步改进。

综上所述,传统的电机优化设计方法存在一定不足,且优化过程中未考虑对发电指标的优化,优化方法与发电性能仍具有改进空间。

1.4 混合动力车辆能量管理策略

作为混合动力车辆研究领域的关键问题之一,能量管理策略的优劣直接影响着车辆的可靠性、控制性、经济性和排放性能[41]。目前,根据混合动力车辆控制需要,其能量管理策略可大致分为三类,如图 1-19 所示。第一类为基于规则的能量管理策略,具体包括确定性规则能量管理策略、模糊规则能量管理策略和负载功率滤波能量管理策略;第二类为基于优化的能量管理策略,具体包括全局优化能量管理策略和瞬时优化能量管理策略;第三类为基于工况自适应的能量管理策略,它是通过现有信息对未来工况进行预测实现的[42]。

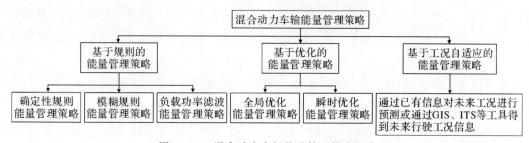

图 1-19 混合动力车辆能量管理策略划分

1.4.1 基于规则的能量管理策略研究现状

基于规则的能量管理策略是根据工程经验、数值模型、先验知识或实验数据等人为制定的规则对动力源进行能量分配,依据动力源的功率需求、稳态 Map 图、车速、动力电池荷电状态(State of Charge,SOC)等参数设置工作模式切换条件,实现对系统能量分配方式和流向以及各部件工作状态的控制,最大限度地保证系统各部件工作在高效区域,具有算法简单、易于实现、实时性好的优点,因此,基于规则的能量管理策略成为最早用于混合动力车辆的控制方法[41,43-44]。在基于规则的能量管理策略中,根据规则是确定或者模糊与车辆负载功率需求,其可分为确定性规则能量管理策略、模糊规则能量管理策略和负载功率滤波能量管理策略[45-46]。

(1)确定性规则能量管理策略。确定性规则能量管理策略通过设定一组稳态参数限定动力源的开关与工作区域,根据设定规则完成车辆各个工作模式之间的转换,确定动力源的转矩分配方式,即通过电机调节发动机工作点,避免发动机怠速或低负荷运行,使得发动机尽量工作在高效区域,从而提高整车的燃油经济性[47]。现有确定性规则能量管理策略包括单点控制策略、多点控制策略、功率跟随控制策略、发动机最优油耗曲线控制策略、蓄电池辅助控制策略以及最大电池 SOC 控制策略等[48-49]。

童毅等人以转矩作为主要控制变量,考虑发动机稳态效率特性、驾驶员需求转矩以及系统部件特性,合理分配了发动机和电机的输出转矩,最终实现了系统效率提高的目的[50]。

舒红等人分析了混联式混合动力电动汽车的工作原理,在此基础上将车辆运行工况划分为充电、放电和制动 3 种工况,选取系统效率为优化目标建立优化模型,其燃油经济性较传统车提高了 36.95%[51]。

Adhikari 等人建立的控制规则是以功率平衡方程为基础,控制电池 SOC 保持在合理范围,保证了发动机工作在高效区域,同时避免了发动机频繁起停。与未安装 ISG 的混合动力系统相比,燃油消耗降低了 9.3%[52]。

连静等人根据混合动力系统结构和动力源稳态 Map 图对混合动力车辆进行工作模式划分,采用线性约束优化方法求解不同工作模式下系统的效率,以系统效率为优化目标,得到了最优效率下各参数的逻辑门限值[53]。

Dextreit 等人结合发动机稳态效率特性 Map 图,将发动机工作区域分为低、中、高三种负荷区域,通过驾驶员意图识别得到当前驾驶员需求转矩。当驾驶员需求转矩很小时,车辆采用电机单独驱动的纯电动模式或行车发电模式;当驾驶员需求转矩处于发动机中负荷区域时,车辆采用发动机单独驱动的工作模式;当驾驶员需求转矩较大时,采用两个动力源混合驱动,发动机处于经济工作区域,电机提供额外转矩。研究结果表明,与传统车辆相比,所制定的控制规则较大程度地提高了混合动力车辆的燃油经济性和排放性[54]。

Shabbir 等人采用动力电池辅助控制策略,综合考虑动力电池充放电效率,通过 Map 图使得混合动力车辆实时运行在高效区域,系统需求功率分配具有实时性,避免了发动机起动与停止次数增加,延长了动力电池寿命。与采用单点控制策略相比,燃油消耗降低了20%[55]。

周奇勋等人综合考虑发动机转矩特性、ISG 电机效率特性以及动力电池组充放电特性,优化了 3 个部件的工作区域,在优化后的控制规则下混合动力系统各个部件均工作在高效区域,制定的模式切换条件实现了混合动力车辆不同工作模式之间的转换[56]。

在确定性规则能量管理策略中,逻辑门限值往往是根据研究学者的经验和实验数据确定的,规则简单,计算量小,对车载控制器的处理能力要求低,工程实用性强,但对于复杂多变的行驶工况和混合动力系统的动态变化均具有较差的适应性,无法保证系统达到最优控制,车辆的燃油经济性仍有提升的空间。为了优化确定性规则能量管理策略的性能,同时增强其工况的实时适应性,研究学者引入模糊控制理论,从而产生了模糊规则能量控制策略。

(2)模糊规则能量管理策略。模糊规则能量管理策略并不依赖于系统的精确模型,隶属度函数对精确信号进行模糊化处理后形成满足度指标,再根据规则库中预先设定好的模糊规则或专家知识进行推理得到模糊结论,最后将模糊结论转化为精确控制命令,协调控制混合动力系统各个部件。模糊规则能量管理策略更加适用于多变量、非线性、时变性的混合动力系统,具有较强的稳定性和鲁棒性。随着算法的不断改进,产生了基于传统模糊控制的改进策略,例如自适应模糊控制和预测模糊控制策略等[57]。目前,关于模糊控制规则的研究主要有以下几方面。

Cairano 等人对动力电池 SOC 和发动机转矩分别采用模糊控制方法,保证了发动机时刻工作在效率特性 Map 图上的高效区域,整车燃油经济性和排放性能得到了提高[58]。

Murphey 等人针对混合动力系统采用分层结构,采用模糊控制方法控制发动机输出转矩,保持发动机高效运行,进一步提高了整车的燃油经济性[59]。

Zhou 等人制定的模糊规则以驾驶员需求转矩和发动机目标转矩之差及动力电池 SOC 作为模糊控制器的输入,发动机转矩和电机转矩作为模糊控制器的输出,最终实现了两个动力源转矩的合理分配[60]。

Bostanian 等人将智能算法和模糊控制相结合,模糊规则的输入量为车速、需求功率、动力电池 SOC,输出量为发动机输出转矩,为了达到改善燃油经济性和排放性的目的,将油耗、电耗、污染物排放、转矩差进行归一化处理,以处理后的参数作为目标函数,采用遗传算法优化模糊控制器中的隶属度函数[61]。

Chindamo 等人将神经网络引入到模糊规则能量管理策略中,通过神经网络训练得到的发动机功率和动力电池 SOC 决定是否进入充电模式,模糊规则再通过电机电流大小决定相应充电模式的持续时间。该能量管理策略应用于某型串联式混合动力车辆,提高了燃油效率和续驶里程[62]。

Moghbeli 等人从动态规划优化算法的优化结果中提取模糊规则,将其应用于液力混合动力车辆的系统中,根据提取的模糊规则将系统的工作模式分为纯发动机驱动、制动能量回收、发动机起停模式、发动机工作点转换和纯电动驱动 5 种,整车的燃油经济性得到了改善[63]。

梁俊毅等人采用多目标非占优排序智能优化算法优化模糊规则能量管理策略,引入三类混沌算子避免了优化算法陷入局部最优解,从而得到了整车的最佳燃油消耗与排放[64]。

模糊规则能量管理策略中的隶属度函数是学者通过工程经验确定的,并没有完善的理论指导方法。与确定性规则一样,模糊规则也需要通过大量实验数据的积累而得到,其依赖于隶属度函数的精确度。因此,模糊控制规则仍然无法实现系统的最优控制,随着输入量和输出量的增多,规则集的制定也变得更加困难。虽然有学者将智能算法引入到模糊规则中,对隶属度函数进行优化,但仍无法避免模糊规则主观性较强的缺点。

(3)负载功率滤波能量管理策略。在电传动的混合动力车辆中,若采用前述的规则能量管理策略,负载功率需求的非稳定瞬态过程会对发动机、电机、动力电池等动力源产生较大冲击,导致发动机运行过程中的剧烈波动,同时降低动力电池的使用寿命。因此,考虑到动力源的工作特性,将负载功率需求根据一定规则进行分解,以此作为动力源输出的目标值,达到功率流在动力源之间合理分配的目的。但这种负载功率滤波能量管理策略只适用于包含超级电容等高功率密度储能元件的混合动力系统。负载功率滤波能量管理策略包括非线性比例因子控制策略和基于小波变换的控制策略,两种策略均可以实现合理的功率分流[65]。目前,关于负载功率滤波能量管理策略的研究主要有以下几方面。

张炳力等人针对一种包含锂离子电池、燃料电池、超级电容的新型混合动力系统,提出了一种基于小波变换的能量管理策略。仿真结果表明,该策略按照负载功率需求变化频率实现了对3种储能元件能量的合理分配,最终系统性能得到提高,延长了部件的使用寿命,满足设计要求[65]。

项宇等人针对某型串联式混合动力车辆开展了能量管理策略研究,根据动力源和负载特性,采用小波变换算法对负载功率需求中的高、低频分量进行分离,将高频分量分配给超级电容,低频分量分配给低输出频率的动力源,实现动力源输出特性与负载频率特性相匹配。仿真结果表明,所制定的能量管理策略达到了预期的控制效果,可应用于混合动力越野车辆[2]。

基于规则的能量管理策略较为简单,可以在一定程度上改善混合动力车辆的燃油经济性和排放性,但规则的制定依据主要来自研究学者的工程经验,导致规则并不完善,从而也不能保证系统到达最优控制。因此,更多的研究学者开始关注优化控制理论与智能优化算法以实现最优的控制结果。

1.4.2 基于优化的能量管理策略研究现状

基于优化的能量管理策略是采用数学分析方法,使定义的成本函数在一定约束条件下最小化的控制方法。通常将混合动力车辆的燃油经济性指标、排放性指标、动力电池电量变化、驾驶性能等作为系统的成本函数,寻求合适的算法最优化混合动力系统性能,能够较好地解决规则能量管理策略存在的问题。目前,根据策略的优化程度和阶段的不同,基于优化的能量管理策略分为全局优化能量管理策略和瞬时优化能量管理策略[66-67]。

(1)全局优化能量管理策略。全局优化能量管理策略是在特定工况下,基于最优控制理论或方法对混合动力系统进行开发研究的一种控制策略。其中心思想是建立以整车油耗或排放为目标函数,系统状态变量为约束条件的系统全局优化模型,采用最优控制算法得到系统动力源能量最优分配状态,最终实现整车最佳燃油经济性或排放性能[68-69]。目前,该能量管理策略中所采用的最优控制算法包括二次规划算法、单纯形法、随机搜索方法、动态规划(Dynamic Programming,DP)算法、庞特里亚金最小值原理(Pontryagin Minimum Principle,PMP)和智能优化算法等[67,70],其中研究较多的有基于 DP 算法、基于 PMP 算法以及基于智能优化算法的全局优化能量管理策略。

1951 年,为了求解多阶段决策过程的最优化问题,美国数学家贝尔曼提出了 DP 算法。其主要思想是将一个多阶段问题分解成多个单阶段决策问题,状态变量离散化后逆向求解出每个阶段的最优解,在这组最优解中找到全局最优解。DP 算法从 2000 年开始被应用于混合动力车辆控制中,被学者一致认为是较为理想的混合动力车辆控制方法,可以较好地改善整车的燃油经济性,实现系统的全局最优。目前,基于 DP 算法的全局优化能量管理策略的研究主要有以下几方面。

勾华栋采用 DP 算法得到了混合动力车辆在特定工况下的最优控制序列,从中拟合出发动机输出转矩和需求转矩的比值随变速器输入端转矩的变化规律,研究结果为整车能量管理的实时控制提供了依据[71]。

巴特等人将割线迭代法引入到传统 DP 算法中,提出了改进的 DP 算法,为权系数的确定找到了理论依据,同时基于等效油耗的成本函数考虑了动力电池 SOC 的影响,以成本函数为目标函数,采用反向递推法求解最优控制变量的解集,从最优解集中提炼出合理的动力源转矩分配方式[72]。

Larsson 等人将局部线性近似和二次样条逼近与传统 DP 算法相结合,求解混合动力车辆能量管理问题的解析解,解决了传统 DP 算法计算量大的问题,降低了计算机仿真过程中的内存需求[73]。

Ko 等人采用基于随机动态规划(Stochastic Dynamic Programming,SDP)算法的能量管理策略对混合动力系统进行全局优化,对油耗、排放、电池电量 3 个量取不同权重值构造成本函数,经多次离线迭代得到了成本函数的最优解集[74]。

Lee 等人采用 SDP 算法对混合动力车辆进行控制,首先,选取功率与车速作为特征参数,对行驶工况进行分解;其次,建立基于 Markov Process 的概率分布;最后,以整车燃油经济性能指标为目标函数建立优化模型。该策略的优化控制方式是通过优化动力源特性得到的,提高了整车的燃油经济性[75]。

20 世纪 50 年代中期,苏联学者 Pontryagin 等人为解决当控制作用集受约束条件限制时如何求最优解集的问题,在经典变分法和经典最优控制理论的基础上提出了 PMP 算法,无论受控系统是连续形式还是离散形式,对于求解系统的最优控制问题该原理均适用。基于 PMP 算法的全局优化能量管理策略是以最优化原理为理论基础对混合动力系统最优控制问题进行求解的,计算量比 DP 算法小,但可以达到相近的优化效果[76]。继 DP 算法之后,学者对 PMP 算法在混合动力系统中的应用也进行了大量探索和研究。目前,基于 PMP 算法的全局优化能量管理策略的研究主要有以下几方面。

Peng 等人采用基于 PMP 的全局优化能量管理策略对 AT 式并联混合动力车辆的能量管

理系统进行控制,其优化效果与基于 DP 算法的能量管理策略很接近,油耗略高 0.4%。在该策略的控制下,车辆换挡与车速有关,起到了较好的控制效果,计算时间节约了 70% 以上,更便于对系统的实时控制[76]。

Liu 等人将庞特里亚金最小值原理与等效燃油消耗最小控制策略结合,以油耗和动力电池 SOC 作为控制目标对并联式混合动力车辆进行控制,控制效果接近全局最优[77]。

Xu 等人采用 PMP 算法对混合动力系统进行实时控制,建立系统模型并推导得到系统的哈密顿方程,在不影响控制精度的前提下假设动力电池参数满足一定条件,实现了令人满意的优化效果。优化结果得到的燃油经济性与 DP 算法相近,但计算量较小的突出优势使得 PMP 算法更便于实现实时控制[78]。

Onori 等人提出了一种基于 PMP 算法的自适应能量管理策略,混合动力系统可以根据路况行驶条件自动在线调整协变量,比传统 PMP 算法的燃油消耗降低了 20%[79]。

随着智能优化算法的产生与发展,大量学者将遗传算法[80]、粒子群算法[81]、稳健进化算法[82]、博弈进化算法[83]和神经网络算法[84-85]等智能优化算法应用于混合动力系统能量管理策略的多目标优化中,实现了系统的全局最优。目前,基于智能优化算法的全局优化能量管理策略的研究主要有以下几方面。

Panigrahi 等人采用将遗传算法和细菌觅食优化算法相结合的方式作为混合动力车辆能量管理方法,引入时间加权平方误差积分对整车性能进行评价。结果表明,与单一优化算法相比较,联合算法使车辆燃油经济性能指标提高了约 2%,排放量也有所下降[86]。

Sun 等人采用神经网络算法对车辆行驶路况信息进行学习预测,优化了混合动力系统的性能,从而提高了整车的燃油经济性能指标[85]。

夏超英等人应用神经网络算法的强大学习能力对当前驾驶环境中的道路信息、驾驶模式、交通信息等进行预测,解决了循环工况和驾驶环境对车辆能量消耗影响的问题,并通过学习 DP 算法实现了对混合动力车辆功率分配的最优控制[87]。

杨观赐等人采用行为博弈进化算法,以动力性能指标为约束条件,并以最小化燃油消耗与污染物排放总量为优化目标,对并联混合动力汽车控制策略参数进行了优化。优化后系统的百公里油耗和污染物排放总和降幅明显,提高了动力源和系统效率,相比于基于最优原理的多目标优化算法,博弈进化算法可以获得精度更高的解[83]。

陈征等人对插电式混合动力公交车开展能量管理策略研究,提出了一种进化-增强学习方法:①建立系统简化模型并基于增强学习系统以燃油消耗为目标建立优化目标函数;②采用进化算法求出最优的能量分配方法并给出最优燃油消耗值;③通过仿真分析,对比传统电量消耗-维持策略,所提出的方法提高了 12% 的燃油经济性,验证了方法的有效性能指标[88]。

全局优化能量管理策略虽然可以最大限度使得混合动力系统性能达到全局最优,从而提高整车燃油经济性,但只有获取未来的行驶工况信息才能进行优化计算,同时无法避免算法计算量大、计算时间长的缺点,因此其实车应用受到了限制。虽然全局优化能量管理策略具有一定应用局限性,但是可以作为一种能量管理策略的评价方法,为实车控制规则的制定提供理论指导。

(2)瞬时优化能量管理策略。为了实现混合动力车辆的实时状态在线控制,瞬时优化能量管理策略应运而生,也被称为实时优化能量管理策略。其中心思想是保证混合动力系统能量管理过程中当前时刻的能量消耗最少或功率损失最小,即使成本函数在每一时刻上达到最优,基于发动机效率特性 Map 图得到瞬时最优工作点,保证动力源工作在实时最优状态。目前,瞬时优化能量管理策略中获得最广泛研究的优化方法有等效油耗最小控制策略(Equivalent Consumption Minimization Strategy,ECMS)和模型预测控制策略(Model Predictive Control Strategy,MPCS)[43]。

基于 ECMS 的瞬时优化能量管理策略最早是由 Paganelli 等人提出的,主要思想是将电机消耗的电能等效为发动机的油耗,与实际发动机油耗相加得到等效油耗,在某一瞬时工况下以该等效油耗最小为目标得到此时动力源能量分配方式,即最佳分配方式,从而实现混合动力系统瞬时最优控制,主要的研究有以下几方面。

黄硕等人根据车辆目标车速与实际车速的差值得到当前整车需求转矩,采用 ECMS 求解得到动力源瞬时优化的转矩分配方式,同时考虑到发动机起闭对燃油经济性的影响,通过规则修正方法对转矩分配方式做进一步调整,实现了整车油耗的进一步降低[89]。

Gupta 采用模糊规则与 ECMS 相结合的方式对混合动力系统能量管理进行控制,以车速、加速度、动力电池 SOC 作为模糊控制器的输入量,以电机单独驱动、发动机单独驱动、联合驱动、再生制动四大类工作模式为模糊控制器的输出量,仅在行车发电模式和混合模式中应用 ECMS 进行需求转矩分配[90]。

Han 等人提出了一种预测自适应的 ECMS,通过获取一些预测信息或历史数据以调整等效因子的取值,使其随工况变化而不断调整,从而获得更好的车辆性能[91]。

Zhang 等人采用一种驾驶行为在线分类方法,提出了一种改进的自适应 ECMS,分析了驾驶方式和交通状况对燃油消耗和污染物排放的影响。研究结果表明,可以根据驾驶行为和实时交通信息实时调整等效因子,改善了混合动力系统性能[92]。

张静等人采用 ECMS,以油耗和动力电池荷电状态作为控制目标对并联式混合动力卡车进行控制,既保证了算法的实时性,控制效果又接近全局最优[93]。

近年来,MPCS 方法鲁棒性强、预测能力强、实时计算能力强,适用于非线性、非精确动态系统的控制,在一定程度上还可以克服 ECMS 无预测能力、对行驶工况敏感等缺点[43]。因此,基于 MPCS 的瞬时优化能量管理策略在混合动力车辆控制领域也得到了广泛应用[47]。其中心思想是通过在线识别混合动力系统动态参数,将整个循环工况燃油经济性的全局优化转化为预测区间内的局部优化,通过对动态参数进行滚动循环优化,更新预测出车辆下一段时间区间的工作状态从而获得优化结果[41]。目前,基于 MPCS 的瞬时优化能量管理策略的研究主要有以下几方面。

赵韩等人采用基于模型预测的能量管理策略对并联式混合动力车辆的整车需求转矩进行预测,建立转矩分配问题的马尔可夫模型,并结合动态规划算法,以油耗最小化为目标进行优化控制,实现了较好的优化效果[94]。

Cairano 等人结合马尔可夫链随车学习方法提出了一种改进的随机 MPCS,应用于一款串联式混合动力车辆的能量管理中,通过驾驶员感知控制车辆,对随机参数可以实时重新配置以适应驾驶员行为的变化,同时可以约束动力电池功率以及充放电状态,在实际驾驶循环中可以更好地预测未来的驾驶员功率需求,实现了实时控制[95]。

Yu等人提出了一种基于坡度信息的MPCS,考虑不同道路坡度和阻力系数建立混合动力车辆的动力学模型,通过仿真分析在不同道路状况、预测时间、车辆充放电状态下路面信息对燃油经济性的影响。结果表明,所提出的方法在提高燃油效率方面是有效的,采用连续广义最小残差法求解MPCS问题,取得了较好的节能效果[96]。

Homchaudhuri等人提出了一种用于城市网联车辆的快速MPCS,利用交通信号灯定时信息、车辆之间的通信信息开发控制策略,从而减少红灯停车次数,提高燃油经济性。仿真结果表明,该方法可以提高网联汽车互联性能和效率,解决了非线性能耗问题[97]。

Shi等人将非线性MPCS应用于混合动力车辆的动态控制中,优化了运行程序,通过仿真对比分析,所提出的控制策略在混合动力车辆能量管理策略设计中是有效可行的[98]。

瞬时优化能量管理策略是针对混合动力车辆瞬时工况的能量分配进行优化控制的,计算量相对较小,易于实车应用,但优化过程并未考虑驾驶风格、行驶里程、能量价格比等因素对燃油经济性的影响。因此,瞬时优化结果无法保证全局最优,车辆燃油经济性能指标仍有很大改善空间。

1.4.3 基于工况自适应的能量管理策略研究现状

近年来,随着数据挖掘和大数据技术的不断提高,研究人员更加关注能量管理策略的工况适应性与实时控制性,因此,人们开始深入研究工况预测技术与识别算法,从而进一步实现整车性能的优化。基于工况自适应的能量管理策略是通过分析现有行驶工况信息对未来某一段时间内的行驶工况进行预测,或者通过地理信息系统(Geographic Information System,GIS)、全球定位系统(Global Positioning System,GPS)、智能运输系统(Intelligent Transportation System,ITS)等工具得到未来行驶工况信息,根据获取的工况信息实时调整混合动力系统的工作方式,进而实现系统的自适应控制,目前的主要研究有以下几方面。

Xing等人提出了一种基于循环工况识别的自适应能量控制策略,通过对行驶工况片段的研究,分析其特征参数,在此基础上提出了面向10个特征参数的学习矢量量化(Learning Vector Quantization,LVQ)神经网络识别算法。仿真结果表明,该方法具有很好的识别精度[99]。

Leroy等人以车速、加速度、动力电池SOC和发动机状态4个参数建立马尔可夫链预测模型,采用随机DP算法优化系统的能量分配,再将有约束的能量管理策略在线优化转换为无限时域的离线优化[100]。

Zheng等人基于GPS和GIS的道路信息建立预测模型,以油耗最小为优化目标,动力电池SOC和功率分别为状态变量和控制变量,根据预测的未来行驶工况信息,采用PMP算法对整车的能量分配进行优化[101]。

Sun等人采用径向基函数神经网络和PMP算法相结合的能量管理策略,对行驶工况进行预测的前提下优化混合动力系统的能量分配,优化过程中拉格朗日乘子随工况的改变而不断调整,从而提高了能量管理策略的工况适应性,进一步改善了车辆的燃油经济性[102]。

Wang 等人对工况识别结果进行了分析,得到了特征参数、预测周期、识别周期、工况类型之间的关系,从中选取最优预测周期和识别周期,结合 LVQ 神经网络算法对实际行驶工况进行工况识别,最后采用等效油耗最小控制策略提高了整车燃油经济性[103]。

刘永刚等人以 GPS 和 GIS 作为工具获取工况信息,建立道路坡度预测模型,采用相似行驶工况估算坡度的能量消耗,得到车辆在进入坡道前动力电池 SOC 的目标值,在电量维持模式和电量消耗模式下实现了对预充电时刻的规划[104]。

詹森等人提出将 K 均值聚类方法和遗传算法相结合的行驶工况识别方法,基于此工况识别方法,应用 ECMS 实时优化混合动力系统的能量分配[105]。

连静等人采用模糊控制方法对行驶工况进行识别,然后应用考虑动力电池 SOC 平衡的 ECMS 求解不同工况下的最优控制参数,从而实现了对动力源能量分配的实时控制[106]。

基于工况自适应的能量管理策略只根据历史工况信息或通过 GPS,GIS,ITS 等工具获取未来行驶工况信息,计算量不大,但如果行驶工况信息预测方法选择不当,仍旧会影响其在实车上的应用,并且该策略得到的能量分配方式也不是全局最优的。

1.4.4 存在的问题

在传统民用混合动力车辆控制策略研究中,受到系统优化目标和车辆使用环境条件的影响,控制方法灵活多样且日渐成熟,但每种控制策略都有相应的局限性。目前,混合动力车辆能量管理策略具有算法复杂、抗扰动能力弱等缺点,一部分基于优化的能量管理策略较为复杂,受限于控制器的运行能力难以实现实时控制,对于运行特性复杂的混合动力越野车辆并不适用且控制难度大。例如,随机 DP 算法对控制器参数和环境噪声比较敏感,不适合在越野车辆干扰严重的恶劣工作环境中使用;现有的单一驾驶循环工况适用于民用混合动力车辆,但无法满足越野车辆面向战场的使用要求;神经网络算法训练样本需求量大且无法在线运行的缺陷限制了其使用范围,无法在越野车辆上实现;GPS,GIS,ITS 等智能工具可用于民用车辆以预测未来行驶工况,但不适合越野车辆。因此,应该选择算法简单、实时控制效果好、工况适应性强的控制策略作为混合动力越野车辆能量管理策略。

目前,虽然有不少关于规则能量管理策略和瞬时优化能量管理策略的研究,但这两种策略都只是单独使用,二者组合成新的混合控制策略会比单独使用效果更好,可以取得和全局优化接近的控制效果,适合混合动力系统的能量管理,也符合能量管理策略未来的发展趋势。同时,混合动力越野车辆的工况较多,不同工况下的系统特性又有很大差别,能量管理策略的控制效果很大程度上取决于其对各种工况的适应性。目前,模糊控制、神经网络和支持向量机等算法虽然在工况识别方面可以获得较好的识别效果,但受限于车载控制器的运算能力,算法程序无法直接导入控制器进行实时控制,因此如何选择合理的工况识别算法是能量管理策略应用于混合动力越野车辆的关键。同时,有研究表明,只有获取行驶工况信息,实时优化控制才能实现真正意义上的优化[107]。

1.5 本书的主要内容和思路

为解决现有移动式供电技术存在的发电品质差、影响车辆性能等问题,本书以某型越野车辆为原型车,采用分步的形式实现用于移动供电的 ISG 混合动力系统设计这一目标。第一步,设计专用发电机完成装车发电,实现驻车发电技术形式并推广应用,扩展电机功率并完成移动式发电车的改装与 ISG 混合动力的升级,通过分阶段对电机进行试制与优化设计以改善发电车的供电品质;第二步,在实现混合动力功能的基础上,开展混合动力能量管理策略研究与系统关键参数设计。具体内容和思路如下。

(1)建立某型越野车模型并进行动力性、经济性、外特性等仿真验证;对车载电力装备与用电需求进行分析,分析现有及未来可能的移动式供电系统方案,分阶段进行电机样机试制与发电车改装,完成驻车发电试验对驻车发电技术形式进行验证,最终提出一种用于移动供电的 ISG 混合动力系统集成化方案并分析系统关键问题;采用理论建模和实验建模相结合的方法建立 ISG 混合动力系统模型,开展混合动力车辆性能仿真研究,从动力性和经济性的角度分析与原型车辆的性能差异。

(2)在前期电机样机试制的基础上,针对传统电机优化设计方法中存在的不足与优化过程忽视了发电指标优化的问题,从 ISG 电机设计的角度出发,提出一种改进组合优化策略优化电机供电性能。建立 ISG 电机的参数化模型和有限元模型,选取电机的 7 个结构设计参数和 3 个发电性能参数,分析结构参数对性能参数的影响;提出基于 MaxPro 试验设计方法的 Kriging 拟合算法,以 MaxPro 抽样方法选取最少的初始样本,通过 Kriging 代理模型尽可能全面地反映结构参数与性能参数之间的关系;在拟合算法的基础上,采用多目标遗传算法对 ISG 电机性能进行多目标优化,得到电机性能多目标优化问题的 Pareto 最优解集;从最优解集中选取不同方案进行有限元验证,验证优化算法的准确性;最后对优化方案发电指标进行评价。

(3)以 ISG 混合动力系统方案为研究对象,基于满足行驶工况和驾驶员意图、发挥 ISG 电机性能优势以及合理分配动力源能量的原则设计逻辑规则能量管理策略,建立逻辑规则能量分配方法。在此基础上,引入基于 SOC 惩罚函数的等效能量最小瞬时优化算法,对逻辑规则控制策略进行优化,并在模拟越野工况下进行仿真对比分析,验证优化算法的准确性,并对整车发电指标进行评价,为后续自适应能量管理策略研究奠定基础。

(4)对行驶工况特征参数进行相关性分析,优化行驶工况特征参数;然后建立基于 K-means 聚类的工况识别算法,根据国六排放法规选取典型随机工况并对其进行划分与探讨;不同工况应具有不同等效因子从而提升车辆的工况适应性,最后将工况识别算法与基于 SOC 惩罚函数的等效能量最小的瞬时优化算法相结合,提出基于 K-means 聚类工况识别算法的自适应实时优化能量管理策略,并通过模拟越野工况下的仿真分析结果验证其控制效果。

(5)在能量管理策略研究的基础上,研究 ISG 混合动力系统参数匹配方法,选取动力电池与 AMT 关键总成参数;以所选取的参数作为优化变量建立系统优化模型,以系统经济性为目标函数,采用遗传算法对关键总成参数进行优化设计并对优化结果进行分析,最后进行整车性能仿真验证。

根据上述主要内容制定本书的内容编写思路,如图 1-20 所示。

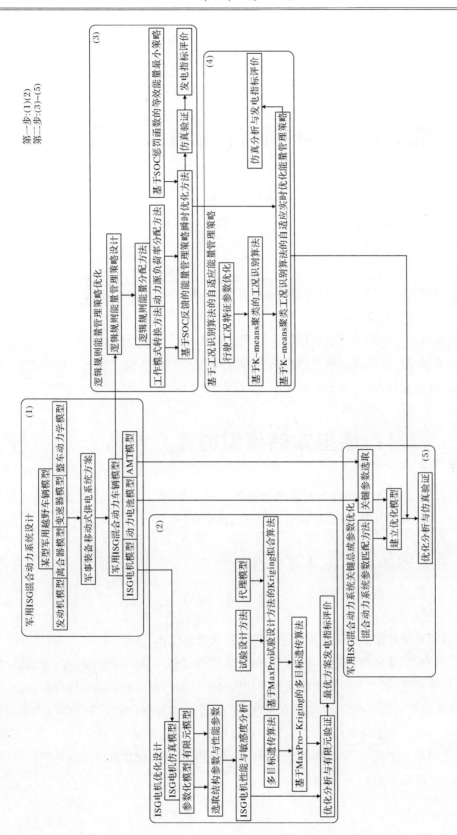

图1-20 本书的内容编写思路

第 2 章　ISG 混合动力系统设计

为解决现有移动式供电系统存在的维修保养困难、持续工作能力差、发电效率低以及发电品质差等问题,将某型越野车改造成移动式发电车以减轻后勤保障压力,但这还不能满足未来战争对陆战平台提出的更高要求[1,2]。因此,在移动式供电系统的基础上开展 ISG 混合动力系统设计与性能研究是非常必要的。

本章在某型越野车模型建立与仿真验证的基础上,对移动式供电系统方案进行了分析讨论;分阶段进行了电机样机试制与发电车改装,完成驻车发电试验,对驻车发电技术形式进行了验证,最终提出了一种用于移动供电的 ISG 混合动力系统集成化方案,并对系统关键问题进行了分析;采用理论建模和实验建模相结合的方法建立了 ISG 混合动力系统模型,开展混合动力车辆性能仿真研究,与原型车辆性能进行了对比分析。

2.1　原型车辆模型的建立与验证

本书研究的 ISG 混合动力车辆是在某型越野车辆结构的基础上对车辆进行改造升级而成的,因此需要建立原始的传统车辆模型并验证模型精度。

2.1.1　原型车辆关键总成模型的建立

1. 发动机模型

发动机数值模型的建立方法分为理论建模法和实验建模法。理论建模法是以燃烧学和传热学为理论基础对发动机内部的实际物理变化特性进行分析,反映了发动机内部的燃料燃烧状态以及热传导过程,而实验建模法是通过发动机台架试验测量得到发动机的负荷、速度等特性,再对试验数据进行插值拟合,从而建立发动机的稳态输出特性。由于本书是从整车控制的角度讨论整车的动力性和经济性,重点关注发动机模型的输入和输出,因此,发动机数值模型的建立方法采用实验建模法,即根据原型车辆搭载发动机的台架试验数据得到其数值模型,发动机特性测试台架如图 2-1 所示。

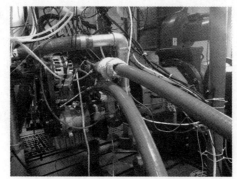

图 2-1 发动机特性测试台架

根据发动机负荷特性,采用三次样条插值拟合方法得到发动机燃油消耗数值模型,获得不同转速下发动机的输出转矩和有效燃油消耗率的关系,如图 2-2(a)所示;利用发动机油耗数值模型进一步得到发动机的万有特性曲线,如图 2-2(b)所示。

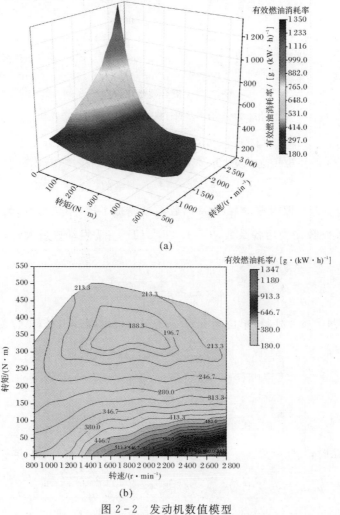

图 2-2 发动机数值模型
(a)发动机燃油消耗数值模型; (b)发动机万有特性

2. 离合器模型

原型车辆的离合器位于发动机和变速器之间,通过主、从动摩擦片的相互作用传递发动机输出扭矩,离合器的分离起到短暂中断动力的作用,避免了换挡过程中传动机构的磨损和冲击。在车辆换挡过程中,离合器经历从完全结合、滑摩到完全分离,再从完全分离、滑摩到完全结合。为简化离合器模型,本书以车辆起步连续换挡加速台架试验获得的踏板行程数据为基础建立离合器数值模型,图2-3(a)为换挡过程的离合器踏板行程,图2-3(b)为离合器压盘压紧力。

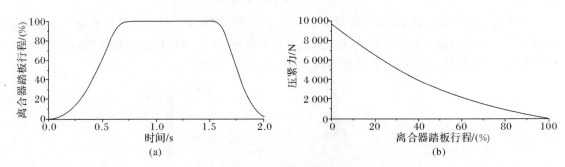

图2-3 离合器数值模型

(a)换挡过程的离合器踏板行程; (b)离合器压盘压紧力

图2-4为离合器转矩传递示意图,离合器所能传递的最大摩擦转矩为

$$T_{c\_\max} = \mu_{c\_st} r_{c\_m} F_c N_c = \beta T_{e\_\max} \tag{2-1}$$

式中,μ_{c_st}为离合器静摩擦因数;r_{c_m}为离合器有效摩擦半径,单位为m;F_c为压盘压紧力,单位为N;N_c为摩擦面数;β为后备系数,$\beta=1.6\sim2$;$T_{e\_\max}$为发动机最大转矩,单位为N·m,则有

$$r_{c\_m} = \frac{2(r_{c\_o}^3 - r_{c\_i}^3)}{3(r_{c\_o}^2 - r_{c\_i}^2)} \tag{2-2}$$

式中,r_{c_o}为离合器摩擦片外径,单位为m;r_{c_i}为离合器摩擦片内径,单位为m。

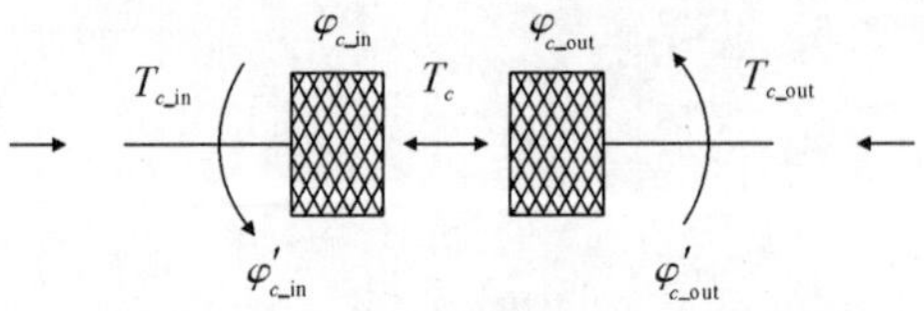

图2-4 离合器转矩传递示意图

当离合器滑摩时,其实际摩擦因数由静摩擦因数和滑动摩擦因数共同决定,即

$$\mu_{c\_act} = \mu_{c\_st} + (\mu_{c\_st} - \mu_{c\_sl}) \cdot \exp\left(-\frac{|\varphi'_{c\_in} - \varphi'_{c\_out}| C_c}{\mu_{c\_st} - \mu_{c\_sl}}\right) \tag{2-3}$$

式中,μ_{c_act}为离合器实际摩擦因数;μ_{c_sl}为离合器滑动摩擦因数;φ'_{c_in}为离合器输入端转速,单位为rad/s;φ'_{c_out}为离合器输出端转速,单位为rad/s;C_c为摩擦梯度,单位为s/rad。

因此,离合器滑摩时传递的摩擦转矩为

$$T_c = \mu_{c\_act} r_{c\_m} F_{c\_act} N_c \tag{2-4}$$

式中,F_{c_act} 为压盘实际压紧力,与离合器踏板行程 S_c 有关,单位为 N。

当离合器完全结合时,其实际传递摩擦转矩由输入端和输出端的转矩值决定,即

$$T_c = |T_{c\_in} - T_{c\_out}| \tag{2-5}$$

式中,T_{c_in} 为离合器输入端转矩,单位为 N·m;T_{c_out} 为离合器输出端转矩,单位为 N·m。

$$[|T_{c\_in} - T_{c\_out}| \geqslant |T_c|] \,||\, [(\varphi'_{c\_in} - \varphi'_{c\_out}) > 0] \,||\, [S_c > 0.8] \tag{2-6}$$

$$[|T_{c\_in} - T_{c\_out}| < |T_c|] \,\&\&\, [(\varphi'_{c\_in} - \varphi'_{c\_out}) < 0.01] \,\&\&\, [S_c < 0.8] \tag{2-7}$$

当满足式(2-6)的条件时,离合器进入滑摩状态;当满足式(2-7)的条件时,离合器进入结合状态。

3. 变速器模型

原型车辆搭载的手动变速器(Manual Transmission,MT)通过调节输入转矩和转速的范围起到调整发动机工作点的作用,从而满足系统的动力性要求。变速器模型需要考虑在传递动力过程中效率、转动惯量对输出转矩的影响,如图 2-5 所示。其中,N_g 为变速器挡位,T_{g_in} 为变速器输入转矩,φ'_{g_in} 为变速器输入转速,J_{g_in} 为变速器输入转动惯量,T_{g_out} 为变速器输出转矩,φ'_{g_out} 为变速器输出转速,J_{g_out} 为变速器输出转动惯量。

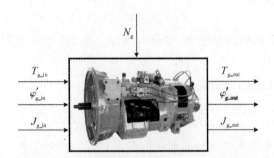

图 2-5 变速器模型

通过挡位查表得到变速器各挡位速比 i_g 和传动效率 η_g,即

$$i_g = i[N_g] \tag{2-8}$$

$$\eta_g = \eta[N_g] \tag{2-9}$$

变速器模型输入和输出所满足的关系为

$$T_{g\_out} = T_{g\_in} i_g \eta_g \tag{2-10}$$

$$\varphi'_{g\_out} = \frac{\varphi'_{g\_in}}{i_g} \tag{2-11}$$

$$J_{g\_out} = J_{g\_in} i_g^2 \tag{2-12}$$

变速器各个挡位的传动比见表 2-1。

表 2-1 变速器各挡传动比

挡 位	传动比
1	3.49
2	2.03
3	1.32
4	1.00
5	0.86

2.1.2 整车动力学模型的建立

作为越野车辆最基本的性能条件,良好的驱动与牵引性能是越野车辆行驶过程中克服复杂地域环境的前提条件,也是遂行地面作战任务的重要能力要求。因此,通过建立整车纵向动力学分析模型,利用对车辆行驶方程的求解来预测驱动和牵引性能[108]。

车辆在行驶过程中受到的阻力包括滚动阻力 F_f、空气阻力 F_w、坡道阻力 F_i、加速阻力 F_j,则行驶总阻力为

$$\sum F = F_f + F_w + F_i + F_j \qquad (2-13)$$

(1) 滚动阻力。滚动阻力是车辆行驶过程中车轮和地面相互作用造成的,其大小正比于车轮所受到的地面法向反力,即

$$F_{fi} = F_{zi} f \qquad (2-14)$$

式中,F_{fi} 为第 i 个车轮受到的滚动阻力,单位为 N;F_{zi} 为第 i 个车轮受到的地面法向反力,单位为 N;f 为滚动阻力系数。

由单个车轮受到的滚动阻力得到整车的滚动阻力为

$$F_f = \sum_{i=1}^{n} F_{fi} = \sum_{i=1}^{n} F_{zi} f = F_z f = Gf \qquad (2-15)$$

式中,n 为车轮个数;F_z 为整车受到的地面法向反力,单位为 N;G 为整车受到的重力,单位为 N,显然 $F_z = G$。

(2) 空气阻力。空气阻力是车辆行驶过程中受到空气作用在行驶方向上产生的分力,其数值大小通常正比于气流相对速度的动压力,即

$$F_w = \frac{1}{2} C_D A \rho v_r^2 \qquad (2-16)$$

式中,C_D 为空气阻力系数,其大小一般随雷诺数的变化而变化;A 为车辆迎风面积,单位为 m^2;ρ 为空气密度,$\rho = 1.23 \ kg/m^3$;v_r 为车辆行驶相对速度,单位为 m/s。

当车辆在无风环境下行驶时,v_r 即是车辆行驶速度,则空气阻力变为

$$F_w = \frac{C_D A v^2}{21.15} \qquad (2-17)$$

式中,v 为车辆行驶速度,单位为 km/h。

(3) 坡道阻力。当车辆爬坡时,车辆坡道阻力为车辆受到重力沿坡道的分力,则有

$$F_i = G \sin\alpha \qquad (2-18)$$

式中，α 为坡度角，单位为 °。

道路坡度为

$$i = \frac{h}{s} = \tan\alpha \qquad (2-19)$$

式中，h 为坡高，单位为 m；s 为坡底长，单位为 m。

当爬坡度较小时，$\sin\alpha \approx \tan\alpha = i$，则

$$F_i = G\sin\alpha \approx Gi \qquad (2-20)$$

此时，车辆受到的地面法向反力变为

$$F_z' = G\cos\alpha \qquad (2-21)$$

因此，当车辆爬坡时，车辆受到的滚动阻力为

$$F_f' = F_z'f = Gf\cos\alpha \qquad (2-22)$$

(4) 加速阻力。车辆在加速行驶时，克服的平移惯性力和旋转惯性力偶矩，就是加速阻力。一般采取把旋转惯性力偶矩转换为平移惯性力的方式计算加速阻力，即

$$F_j = \delta ma \qquad (2-23)$$

式中，δ 为车辆旋转质量系数，$\delta > 1$；m 为车辆质量，单位为 kg；a 为车辆行驶加速度，单位为 m/s²。

旋转质量系数受发动机飞轮、车轮的转动惯量以及整个传动系统的传动比影响，其大小计算公式为

$$\delta = \frac{I_f i_t^2 \eta_t}{mr^2} + \frac{\sum I_w}{mr^2} + 1 \qquad (2-24)$$

式中，I_f 为发动机飞轮的转动惯量，单位为 kg·m²；I_w 为车轮的转动惯量，单位为 kg·m²；i_t 为整个传动系统的总传动比；η_t 为整个传动系统的机械效率；r 为车轮半径，单位为 m。

综上所述，基于整车行驶阻力模型建立整车行驶纵向动力学分析模型，即

$$F_t = F_f + F_w + F_i + F_j \qquad (2-25)$$

式中，F_t 为整车驱动力，单位为 N。

根据动力源输出转矩 T_{tq} 计算整车驱动力，即

$$F_t = \frac{T_{tq} i_t \eta_t}{r} \qquad (2-26)$$

将式(2-17)、式(2-18)、式(2-22)、式(2-23)、式(2-26)代入式(2-25)得到整车动力学模型为

$$\frac{T_{tq} i_t \eta_t}{r} = Gf\cos\alpha + \frac{C_D A v^2}{21.15} + G\sin\alpha + \delta ma \qquad (2-27)$$

当发动机、离合器、变速器等关键总成特性参数初步确定后，利用表 2-2 的整车参数与整车动力学模型可分析得到车辆在附着性能良好路面上的行驶能力，通过驱动力和行驶阻力之间的平衡关系可确定整车的动力性，即确定车辆可能达到的最高车速、加速能力以及爬坡能力等。

表 2-2 整车参数

参　　数	取　　值
车辆质量 m/kg	5 150
车辆迎风面积 A/m²	4.35
空气阻力系数 C_D	0.78
滚动阻力系数 f/(%)	1.38
车轮半径 r/m	0.463

2.1.3 原型车辆模型的验证

以某型越野车辆为研究对象,以既定的车辆外特性参数以及动力总成参数为仿真输入参数构建原型车辆前向仿真模型,如图 2-6 所示。为了便于仿真计算,对整车前向仿真模型做如下假设:

(1) 整车模型不考虑大气修正。
(2) 发动机模型不考虑减速断油控制。
(3) 发动机模型忽略温度对其性能的影响。
(4) 发动机模型不考虑带附件后的发动机外特性缩减。
(5) 发动机模型不进行排放计算。
(6) 离合器模型不考虑分离时的拖滞力矩。
(7) 变速器的效率与挡位相关且各挡位效率值固定。
(8) 变速器模型不考虑换挡过程中的效率损失。

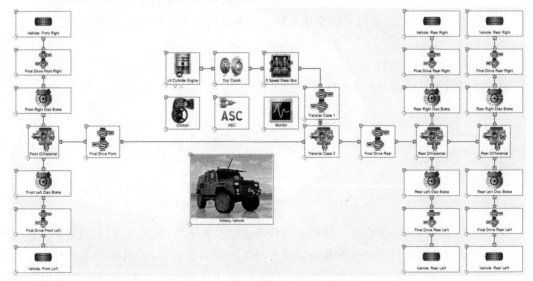

图 2-6 原型车辆前向仿真模型

为了校验车辆模型精度,对整车模型动力性、循环工况经济性、等速工况经济性以及外特性等进行仿真研究,考察模型输出与实际输出的结果是否一致。

1. 动力性验证

在原型车辆前向仿真模型基础上,对整车进行稳态性能分析、爬坡性能分析、全负荷加速性能分析,得到整车的最高车速、最低稳定车速、最大爬坡度、0～80 km/h加速时间以及40～80 km/h直接挡加速时间,动力性仿真结果如图2-7所示。通过实验所测原型车辆动力性参数对车辆模型进行标定验证,原型车辆的实验数据和仿真结果对比见表2-3。

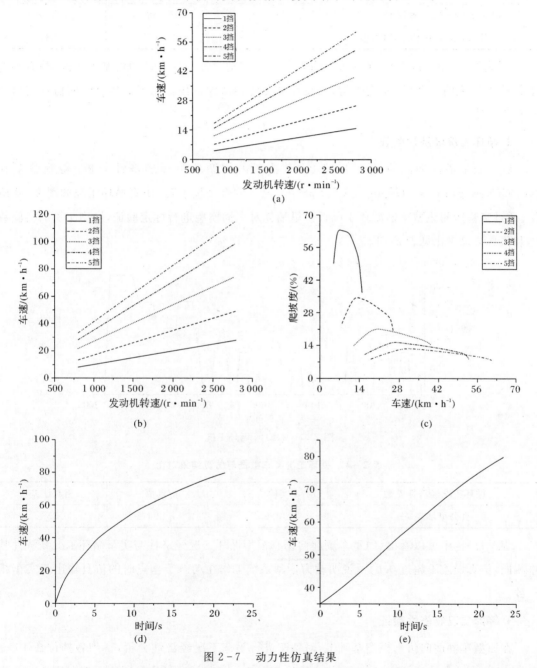

图2-7 动力性仿真结果

(a) 各挡位性能(分动器高挡);(b) 各挡位性能(分动器低挡);(c) 爬坡性能;(d) 起步加速性能;(e) 直接挡加速性能

表 2-3 动力性实车数据与仿真结果对比

动力性参数	实验值	仿真值	相对误差
最高车速 /(km·h^{-1})	115.00	115.00	0
最低稳定车速 /(km·h^{-1})	4.18	4.28	2.39%
最大爬坡度 /(%)	62.00	63.83	2.95%
0～80 km/h 加速时间 /s	21.30	21.58	1.31%
40～80 km/h 直接挡加速时间 /s	20.50	20.68	0.88%

从表 2-3 中可以看出，原型车辆前向仿真模型动力性与实车动力性基本相同，仿真误差不超过 3%，说明发动机、变速机构、车轮等动力传动部件工作在动态工作点时的仿真输出与实车相一致。

2. 循环工况经济性验证

在原型车辆前向仿真模型基础上，对整车进行循环工况经济性分析，得到整车在 NEDC(New European Driving Cycle) 循环工况下的百公里油耗，仿真循环工况如图 2-8 所示。通过实验所测原型车辆循环工况百公里油耗对车辆模型进行标定验证，原型车辆的实验数据和仿真结果对比见表 2-4。

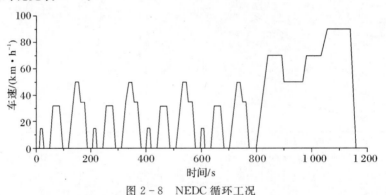

图 2-8 NEDC 循环工况

表 2-4 循环工况实车数据与仿真结果对比

循环工况经济性参数	实验值	仿真值	相对误差
百公里油耗 /L	18.00	17.94	0.33%

从表 2-4 中可以看出，原型车辆前向仿真模型循环工况经济性与实车循环工况经济性基本相同，仿真误差不超过 0.5%，说明动力传动系统工作在动态工作点时的仿真输出与实车相一致。

3. 等速工况经济性验证

在原型车辆前向仿真模型基础上，对整车进行等速工况经济性分析，得到各挡位在 10～115 km/h 内的等速油耗，等速工况仿真结果如图 2-9 所示。通过实验所测原型车辆 50 km/h 最低等速百公里油耗对车辆模型进行标定验证，原型车辆的实验数据和仿真结果对比见表 2-5。

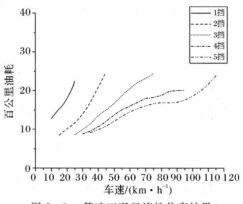

图 2-9 等速工况经济性仿真结果

表 2-5 等速工况实车数据与仿真结果对比

等速工况经济性参数	实验值	仿真值	相对误差
50 km/h 最低等速百公里油耗 /L	12.20	12.00	1.64%

从表 2-5 中可以看出,原型车辆前向仿真模型等速工况经济性与实车等速工况经济性基本相同,仿真误差不超过 2%,说明动力传动系统工作在发动机输出转速和转矩确定的稳态工作点时的仿真输出与实车相一致。

4. 外特性验证

在原型车辆前向仿真模型基础上,对整车进行外特性分析,即滑行特性仿真分析,得到空载和空挡条件下具有一定初始车速的滑行距离,滑行特性仿真结果如图 2-10 所示。通过实验所测原型车辆初速 50 km/h 滑行结束时的滑行距离对车辆模型进行标定验证,原型车辆的实验数据和仿真结果对比见表 2-6。

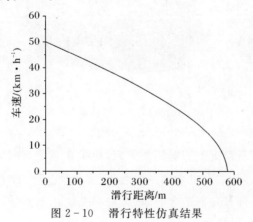

图 2-10 滑行特性仿真结果

表 2-6 外特性实车数据与仿真结果对比

滑行特性参数	实验值	仿真值	相对误差
初速 50 km/h 滑行距离 /m	577.62	578.30	0.12%

从表 2-6 中可以看出,原型车辆前向仿真模型外特性与实车外特性基本相同,仿真误差

不超过 0.5%，说明车辆质量 m、滚动阻力系数 f、空气阻力系数 C_D、迎风面积 A、车辆半径 r 等输入车辆模型的外特性参数与实车相一致。

综合比较各性能参数可以看出，仿真结果与实车数据偏差率较低，均在可接受误差范围内。结果表明原型车辆前向仿真模型与实车契合度较高，模型精度满足模拟研究要求，同时也说明了模型假设条件的真实性，进一步验证了仿真平台准确可靠，可保证改造升级后的 ISG 混合动力车辆模型建立、性能研究与后续能量管理策略研究的准确性。

2.2 移动式供电系统需求分析

目前，我国的移动供电装备主要还停留在车载发电机组和取力发电系统的阶段。针对现有移动式供电系统存在的问题，本书提出了基于 ISG 的集成化车载移动式供电系统方案，对原型车辆进行供电系统改造，可以为车载用电设备以及其他武器装备提供多规格的电力保障，减轻后勤保障压力。

2.2.1 车载电力装备与用电需求分析

作为标准配置电源，现有移动式供电系统主要以如图 2-11 所示的东风 EQ2102、陕汽 SX2150K 和陕汽 SX2153 等[109]越野车辆进行改装，用于为工程维修保障、电子信息对抗、后勤军需装备、侦察指挥装备等提供电力保障，其中有 50% 以上应用于维修保养车上[3]。

图 2-11 车型示意图

(a) EQ2102 越野车； (b) SX2150K 越野车； (c) SX2153 越野车

根据对某单位车辆装备情况的实地调查研究，初步掌握了车载电力及其他动力输出的车辆装备需求情况。该单位移动式发电车辆主要有 40 多种，包括汽车修理方舱、电台车、通信光端车、应急通信车、通信修理车和通信接力车等。根据车辆功能差异，基型底盘也不尽相同：应急通信车、通信电源车等均采用 EQ2050 底盘；汽车修理车、通信修理车等采用 EQ2102 底盘；通信光端车、电台车等少数装备采用 EQ2082E6D 底盘，由于该车型配备时间较长，处于更新换代阶段；卫星通信车、接力车等采用 SX2153 底盘；汽车抢修方舱以 NJ2046 底盘为主；电台车采用 BJ2022 底盘；雷达修理车、火炮修理车等采用 SX2150K 底盘。

根据调研分析可知，现有移动式供电系统基本为工频(50 Hz)交流电，供电体制大部分为三相四线制,电气性能等级(发电品质)可达到《GJB 235A—1997 军用交流移动电站通用规范》规定要求。在涉及通信兵、工兵、防化兵、炮兵等兵种的各类车辆中,发电功率在 3～5 kW 的占 37.9%,发电功率在 5～10 kW 的占 23.4%,发电功率在 10～15 kW 的占 19.3%,发电功率在 15～20 kW 的占 13.1%,发电功率在 20～25 kW 的占 6.3%。从功率需求分析中可以看出,3～15 kW 范围内的功率需求最大。

2.2.2 供电系统总体布置方案

当前,通信、指挥、工程作业、防化等车辆均采用 24 V 电源为部件供电,但随着 ISG 技术的发展,48 V 电源系统正逐渐成为主流。因此,为了适应 ISG 技术的发展,并与未来标准电源相匹配,移动式发电系统采用 48 V 电源为部件供电,供电系统电源方案如图 2-12 所示。48 V 电源符合车载电压安全等级,同等功率需求的情况下可减小电流,减少了导线的消耗,降低了整车的质量。为满足其他 24 V 电子部件的用电需求,电源方案采用 48 V/24 V DC/DC 转换器,继续使用原有标准的电子部件使得对整车的改动程度较小,技术成本增加低[110]。

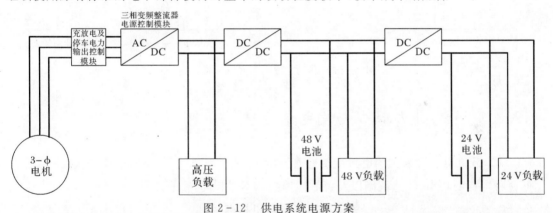

图 2-12 供电系统电源方案

移动式供电系统是基于传统越野车辆底盘系统开发而成的,通过加装 ISG 电机实现移动式供电功能,为车载武器装备提供电力保障。移动式发电车底盘布置方案如图 2-13 所示,该方案采用 ISG 电机直接与发动机曲轴相连的方式,其优点主要有以下几方面。

(1) 系统继承性好。在开发移动式供电系统时应尽量减少传统越野车辆底盘结构变化,ISG 电机布置于发动机离合器之间,保持了原发动机、变速器、驱动后桥等结构不变,对车辆改动不大的情况下实现驻车发电功能,具有良好的继承性。

(2) 实现驻车发电功能。车辆处于停驶状态时,供电系统控制发动机带动电机运转,进行驻车发电,在军队作战和演习时为作战、通信以及生活设施等装备提供移动式电力保障。

(3) 发电效率高。ISG 电机和发动机曲轴直接相连,二者之间无其他传动部件,降低了机械传动损耗,提高了发电效率。

(4) 能够实现减重。ISG 电机直接替换原有飞轮,可以充分利用 ISG 电机转子转动惯量,达到减重的效果,且随着车辆用电功率的增大,其优势会越来越明显。

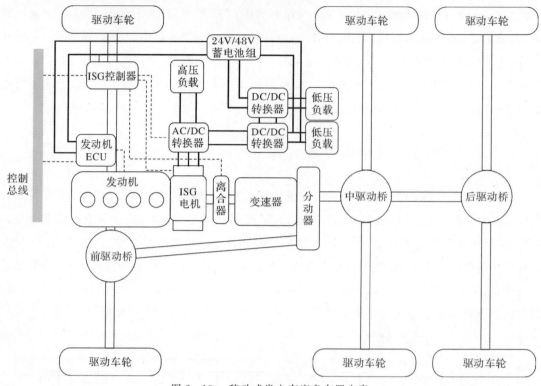

图 2-13 移动式发电车底盘布置方案

2.2.3 ISG 电机试制与发电试验

移动车载供电装置采用的电机主要有直流电机、感应电机、开关磁阻电机和永磁同步电机 4 种,每种电机的功率、转速范围以及可靠性等指标不尽相同,见表 2-7。

表 2-7 4 种电机指标对比

指标	电机类型			
	直流电机	感应电机	开关磁阻电机	永磁同步电机
功率密度	低	中	较高	高
最高效率/(%)	85～89	80～90	>90	90～95
转速范围/(r·min^{-1})	4 000～8 000	12 000～15 000	>15 000	4 000～10 000
体积	大	中	小	小
质量	重	中	轻	轻
可靠性	一般	好	优秀	好
承受破坏性	差	好	优秀	一般
控制操作性	最好	好	好	好
电机成本/($/kW)	10	8～10	8～10	10～15
控制器成本	低	高	一般	高

综合对比四种电机的各项指标可以看出,开关磁阻电机和永磁同步电机明显优于其他两种电机,而永磁同步电机相对于开关磁阻电机具有更高的功率密度和效率,同时又具备结构简单、运行可靠以及振动噪声小等优点,因此移动式供电系统选择永磁同步电机作为ISG电机。

随着电机功率等级的提高,电机的加工工艺、控制技术、冷却技术等要求也更加严格,从而导致样机生产周期过长。因此,为了在短期内快速满足部队执行工程维修、后勤军需、信息对抗、指挥侦察等任务的用电需求,ISG电机样机试制与移动式供电系统开发分为两个阶段。针对"某型移动式发电车"项目,课题组与地方企业合作进行了第一阶段的电机试制,样机如图2-14所示。第一阶段设计的电机峰值功率为15 kW,该功率等级相对较低,电机样机的生产加工与控制器开发并不复杂,生产周期较短,同时还可以满足汽车修理方舱、武器修理工程车、综合机要车等大部分车辆装备用电需求,可以在较短时间内实现装车发电并推广至市场。

图 2-14 第一阶段 ISG 电机样机

在设计该样机时,充分考虑到电机布置位置机械接口形式,对电机两端结构进行设计;此外,为了尽量节省底盘空间且降低改装难度,在不影响电机性能的情况下尽可能缩短电机轴向长度。

根据移动式供电系统总体布置方案对某型越野车辆进行改装,得到如图2-15所示的移动式发电车样车,驻车发电试验设备如图2-16所示。该功率等级移动式发电车的电压调节方式、发动机控制方式等驻车发电控制形式均与高功率等级的相同,因此,第一阶段的样机试制与供电系统开发可以对多功率等级移动式供电系统的驻车发电控制方法进行验证。

图 2-15 某型移动式发电车样车　　　　图 2-16 驻车发电试验设备

在某型移动式发电车样车上完成突加减载试验和逐加减载试验，得到驻车发电试验结果，如图2-17所示，输出电压为电机输出经过控制器调整后的电压。从试验结果可以看出，无论是突加减载还是逐加减载，输出电压均能够在较短时间内调整到规定范围内，电压调节时间和瞬态电压变化范围满足《GJB674A—1999军用直流移动电站通用规范》规定的电气指标，因此，最终得到的发电指标与发电功率基本满足实际需求，说明了驻车发电控制方法的可行性。根据第一阶段的试制样机与试验效果，已将该驻车发电技术形式推广至某型雷达车、某型火炮车等武器装备的应用上，为下一步更高功率等级的移动式供电系统及其改造升级的研究提供重要参考依据。

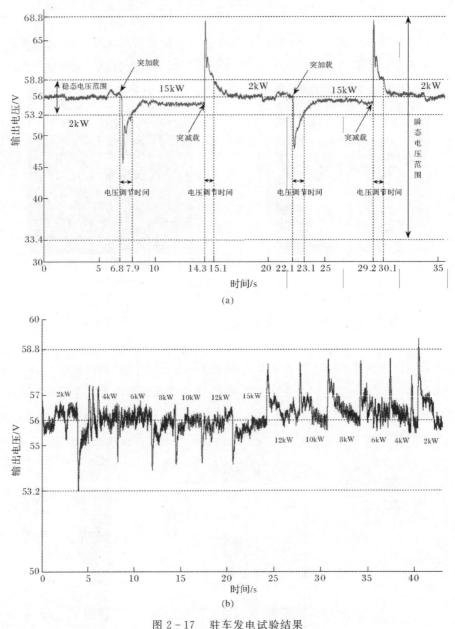

图2-17 驻车发电试验结果

(a) 突加减载试验； (b) 逐加减载试验

为了进一步满足突击炮检测车、工程保养车、工程侦查车等大功率车辆装备用电需求,课题组与地方企业合作进行了第二阶段的电机试制,样机外形结构与第一阶段相同。由于车辆底盘改装方案在第一阶段已基本成型,第二阶段只是在不改变电机外形尺寸的情况下,通过改变电机内部结构设计来提高其功率等级,这也给电机加工、控制器开发增加了难度。在第一阶段样机的基础上扩展电机功率至 30 kW,该功率等级在满足不同车载电力装备的功率需求的同时,还为整车实现混合动力功能奠定基础,电机样机参数见表 2-8。

表 2-8 第二阶段 ISG 电机样机参数

参数项目	取 值
电机种类	永磁同步电机
最大功率 /(kW)	30
峰值转速 /(r·min^{-1})	2 800

2.3 ISG 混合动力系统方案设计

为充分发挥 ISG 电机的性能优势,本书提出一种用于移动供电的 ISG 混合动力系统的集成化方案,这种思路不仅可以为车载武器装备提供功率制式多样的电力输出,减轻后勤保障压力,还能够满足未来陆战平台提出的更高要求[1,2]。

2.3.1 总体方案设计

移动式发电车仅仅是利用 ISG 电机的发电模式实现移动式供电功能,在车辆行驶过程中,发电车仍以传统的纯发动机驱动作为驱动方式,因此整车在驱动工况下的动力性和经济性与原型车辆差异很小。为充分发挥 ISG 电机的优势,在车辆行驶状态下实现纯电动行驶、行车发电、联合驱动等混合动力功能,从而提升车辆性能,以某型移动式发电车为基础,采用在发动机和 ISG 电机之间加装一个自动离合器的单轴并联式结构,将现有移动式发电车升级改造成 ISG 混合动力车辆,通过车辆行驶过程中自动离合器传递或中断发动机的动力实现所需工作模式。系统方案如图 2-18 所示。

2.3.2 系统关键问题分析

ISG 混合动力车辆是在移动式发电车的基础上升级改造而来,其不仅是满足武器装备电力供应的能量保障平台,还是执行作战任务的越野车辆装备,逐渐成为各种武器装备的最佳承载平台和应用载体。因此,改善供电品质、提升车辆性能是 ISG 混合动力系统研究的关键。

供电品质是衡量电力供应平台优劣的一项关键指标,用于移动供电的 ISG 混合动力系统的供电品质取决于ISG电机的供电性能和整流器或逆变器的电压调节能力,而电机的供电性能也会受到电机设计过程中结构参数选取的影响。因此,从ISG混合动力系统设计角度出发对系统供电单元进行优化设计可以改善系统的供电品质。

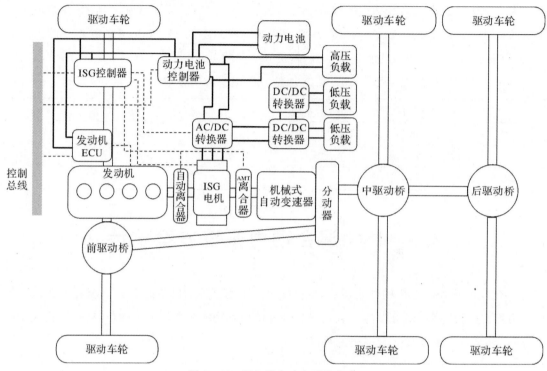

图 2-18 ISG 混合动力系统方案

车辆性能是指车辆的起动性、动力性、经济性以及通过性等性能,从原型车到移动式发电车再到ISG混合动力车辆,升级改造的过程都是依靠车辆底盘改装完成的,这势必会影响上述车辆性能,所以需要通过发挥ISG电机的性能优势弥补由改装带来的影响。由于发电车所搭载的电机是以驻车发电性能指标作为匹配原则,考虑的因素主要是驻车供电能力,所以与同类型的民用混合动力车辆相比,电机功率较低,同时越野车辆质量大,配备发动机功率高,而且车辆性能依赖于动力传动系统的协调控制。因此,在电机功率有限的情况下,制定合适的能量管理策略与优化系统关键总成参数从而改善车辆性能是ISG混合动力车辆研究的重点。

2.4 ISG 混合动力系统模型的建立与性能分析

ISG混合动力车辆在原型车辆基础上增加了ISG电机和动力电池,并重新匹配了变速器,在车辆行驶过程中,整车驱动力由发动机和ISG电机共同提供。因此,除了发动机外,ISG混合动力车辆性能还取决于ISG电机、动力电池、变速器等系统关键总成,需要建立ISG系统关键总成模型。

2.4.1 ISG系统关键总成模型的建立

1. ISG 电机模型

在 ISG 混合动力系统中,ISG 电机可以实现发动机快速起动、行驶电动助力、驻车与行车发电等功能。因此,电机在电动模式和发电模式的转矩和功率输出特性以及电机效率特性是电机性能的主要特征,并且电机的功率、转矩、电压、电流的特性方程是其建模的基础[111,112]。

ISG 电机的特性方程为

$$T_m = L_m T_{m\_max}, -1 \leqslant L_m \leqslant 1 \quad (2-28)$$

式中,T_m 为 ISG 电机输出转矩,单位为 N·m;L_m 为 ISG 电机需求负荷率,$L_m > 0$ 表示电动模式,$L_m < 0$ 表示发电模式;T_{m_max} 为 ISG 电机电动模式下输出最大转矩,单位为 N·m,则有

$$T_{m\_max} = f(n_m) \quad (2-29)$$

式中,n_m 为 ISG 电机转速,单位为 rad·min^{-1};$f(n_m)$ 为根据 ISG 电机转速的一维插值函数,则有

$$\eta_m = f(n_m, T_m) \quad (2-30)$$

式中,η_m 为 ISG 电机效率;$f(n_m, T_m)$ 为根据 ISG 电机转速和转矩的二维插值函数,则有

$$P_m = \begin{cases} \dfrac{T_m n_m}{9\,550\,\eta_m}, \text{电动模式} \\ \dfrac{T_m n_m}{9\,550}\eta_m, \text{发电模式} \end{cases} \quad (2-31)$$

式中,P_m 为 ISG 电机功率,单位为 kW,则有

$$I_m = \frac{1\,000\,P_m}{U_{m\_net}} \quad (2-32)$$

式中,I_m 为 ISG 电机和控制器直流输出端电流,单位为 A;U_{m_net} 为电气网络直流输出端电压,单位为 V。

ISG 混合动力系统的性能指标与 ISG 电机内部的电磁学、热力学等物理特性无关,只取决于电机的动力学特性[113],即电机的输入与输出。因此,ISG 电机建模方法与发动机一样采用实验建模法,数值模型根据台架试验数据与电机特性方程建立。ISG 电机控制器、测试负载柜、试验台架如图 2-19 所示。

(a)

图 2-19 ISG 电机试验台架

续图 2-19 ISG 电机试验台架

(a) 电机控制器；(b) 测试负载柜；(c) 试验台架

通过测功机在一定转速模式下设定不同输出转矩对电机进行测试，分别测试了 ISG 电机转速在 0、400～2 800 rad·min^{-1}（每间隔 400 rad·min^{-1}）时，ISG 电机输出转速、转矩、电机及其控制器效率和电源电压、电流等数据。将电动模式和发电模式下的测试数据运用数学方法进行插值拟合，得到 ISG 电机全工况范围内的效率数值模型[114]，如图 2-20(a) 所示；将 ISG 电机每个转速及其对应最大转矩测试数据进行拟合计算，得到转矩和功率的外特性曲线，分别如图 2-20(b)(c) 所示。

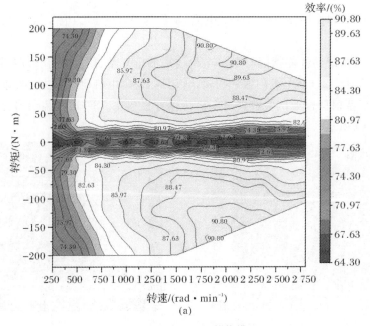

图 2-20 ISG 电机数值模型

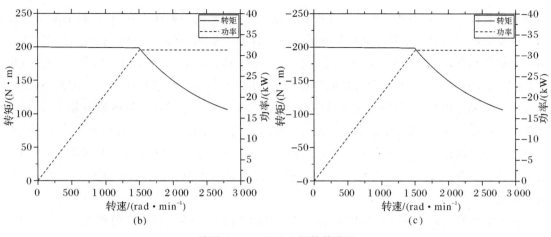

续图 2-20　ISG 电机数值模型
(a) 效率模型；(b) 电动外特性；(c) 发电外特性

2. 动力电池模型

动力电池作为混合动力车辆最为重要的子系统之一，其技术要求直接影响整车的各项性能，主要作用是为 ISG 电机工作在电动模式提供能量，将化学能转化为电能，并且在驻车发电、行车发电或再生制动时吸收电机的电能，再通过电化学反应将电能转化为化学能，这样就不可避免地会导致动力电池频繁充放电。因此，应用于混合动力车辆的动力电池首先要具备的优势必须是能量密度要高，另外从温升与寿命的角度考虑，其内阻要低，同时循环与使用寿命要长，并且还要安全可靠，同时兼顾成本低和质量轻的要求。

近年来，电池技术得到显著发展，相继产生了很多高性能电池，并大量应用于混合动力车辆中。目前，应用在混合动力车辆上的典型电池技术主要有铅酸电池（Lead-acid）、镍镉电池（NiCd）、镍氢电池（NIMH）、锂离子电池（Li-ion），其基本技术要求对比见表 2-9[115]。

表 2-9　典型动力电池基本技术要求对比

技术要求	动力电池类型			
	Lead-acid	NiCd	NIMH	Li-ion
比能量 /(W·h·kg^{-1})	30～40	40～60	40～80	130～200
能量密度 /(W·h·L^{-1})	60～90	80～140	90～160	180～320
比功率 /(W·kg^{-1})	250～600	300～800	900～1 600	1 200～4 000
充放电效率 /(%)	75～90	75～93	80～95	85～96
自放电效率 /(%/月)	5～15	5～15	8～15	＜5
循环寿命(周期)	500～800	800～1 200	800～1 200	1 500～2 000
电池名义电压 /V	≈2.10	≈1.20	≈1.20	≈3.75
效应特性	无记忆	有记忆	无记忆	无记忆
环保性	污染	严重污染	污染小	污染小

铅酸电池是出现最早的动力电池，其技术发展到现在已经十分成熟，具有成本低、部件再

循环利用方便等优点,但较低的能量密度和充放电效率、较短的循环寿命、较高的自放电速率以及反复充放电会引起危险等缺陷限制了其在混合动力车辆中的应用。镍镉电池虽然克服了铅酸电池的部分缺陷,整体性能要更优,但其具有的"记忆效应"会导致电池工作性能出现退化,且电池含有的重金属元素会对环境造成严重污染,所以应用前景同样受到了限制。镍氢电池改善了镍镉电池"记忆效应"的同时还有效降低了环境污染,但是自放电效率较高,高温环境下无法正常工作。锂离子电池的各方面技术要求均优于其他三种电池,在技术性能上的优势使得锂离子电池近年来在混合动力系统中得到了快速发展,随着制造成本的显著降低,锂离子电池将成为混合动力车辆的最佳选择。综上所述,选择锂离子电池作为ISG混合动力系统中的动力电池。

动力电池模型建立的基础和根本是确定电池的内阻和开路电源关于温度和SOC的特性函数,这种动力电池模型称为内阻模型[111]。相比于比较复杂的电化学模型,它可以简单且准确地模拟电池内部的化学反应。因此,锂离子动力电池的建模方法采用内阻模型,其等效电路模型如图2-21所示。

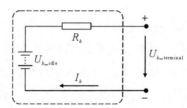

图2-21 锂离子动力电池等效电路模型

(1) 电学特性模型。根据等效电路模型,动力电池电学方程为

$$U_{b\_terminal} = U_{b\_idle}(k_b, SOC) - I_b R_b(k_b, SOC) \tag{2-33}$$

式中,$U_{b\_terminal}$为动力电池端电压,单位为V;k_b为动力电池温度,单位为K;U_{b_idle}为动力电池开路电压,单位为V,大小取决于k_b与SOC;I_b为动力电池端电流,单位为A;R_b为动力电池等效内阻,单位为Ω,大小取决于k_b与SOC。

充电模式下的最大电流为

$$I_{b\_max\_charge} = \frac{U_{b\_idle}(k_b, SOC) - U_{b\_max}}{R_b(k_b, SOC)} \tag{2-34}$$

式中,U_{b_max}为动力电池最大电压,单位为V。

放电模式下的最大电流为

$$I_{b\_max\_discharge} = \frac{U_{b\_idle}(k_b, SOC) - U_{b\_min}}{R_b(k_b, SOC)} \tag{2-35}$$

式中,U_{b_min}为动力电池最小电压,单位为V。

(2) 热力学特性模型。根据等效电路模型和动力电池热力学特性,电池产生的功率热量和温度可描述为

$$\left. \begin{array}{l} H_{b\_total\_power} = H_{b\_gen\_power} + H_{b\_dissip\_power} \\ H_{b\_gen\_power} = H_{b\_Rohm\_power} + H_{b\_react\_power} \\ k(t) = k(t_i) + \int_{t_i}^{t} \dfrac{H_{b\_total\_power}}{C_b m_b} dt \end{array} \right\} \tag{2-36}$$

式中，$H_{b\_total\_power}$ 为动力电池总热量，单位为 W；$H_{b\_gen\_power}$ 为动力电池产生热量，单位为 W；$H_{b\_dissip\_power}$ 为动力电池散失热量，单位为 W；$H_{b\_Rohm\_power}$ 为动力电池电阻热量，单位为 W；$H_{b\_react\_power}$ 为动力电池反应热量，单位为 W；$k(t)$、$k(t_i)$ 分别为动力电池 t 时刻、t_i 时刻的温度，单位为 K；C_b 为动力电池比热容，单位为 J/(kg·K)；m_b 为动力电池质量，单位为 kg。

动力电池电阻热量是由电池内阻产生的，即

$$H_{b\_Rohm\_power} = I_b^2 R_b(k_b, \text{SOC}) \tag{2-37}$$

动力电池反应热量是由内部化学反应产生的，即

$$H_{b\_react\_power} = \frac{\Delta S I_b \eta_b k_b}{F} \tag{2-38}$$

式中，ΔS 为动力电池反应熵的变化，单位为 J/(mol·K)；η_b 为动力电池能量效率；F 为法拉第常数，$F = 96\,487$ C/mol。

动力电池传递到周围环境的热量称为散失热量，即

$$H_{b\_dissip\_power} = (k_{\text{coolant}} - k_b) h_b \tag{2-39}$$

式中，k_{coolant} 为冷却剂温度，单位为 K；h_b 为动力电池比传热量，单位为 W/K。

(3) 荷电状态计算模型。为了便于得到 ISG 混合动力车辆行驶过程中动力电池的荷电状态，采用安时法计算 SOC 值，即

$$\text{SOC}(t) = \text{SOC}(t_i) + \int_{t_i}^{t} \frac{I_b(t) \eta_b(k_b, \text{SOC}, \text{sign}[I_b(t)])}{3\,600 Q_b} dt \tag{2-40}$$

式中，$\text{SOC}(t)$，$\text{SOC}(t_i)$ 分别为动力电池 t 时刻、t_i 时刻的荷电状态；$I_b(t)$ 为动力电池 t 时刻的端电流，单位为 A；$\eta_b(\cdot)$ 为动力电池库伦效率；$\text{sign}[\cdot]$ 为符号函数，即电流符号影响电池库伦效率；Q_b 为动力电池安时容量，单位为 A·h。

根据电池供应商提供的动力电池混合脉冲功率特性实验数据对电池特性参数进行离线标定，计算得到不同温度下的单体电池特性，即不同温度与状态下 SOC 与单体电池开路电压、内阻的关系，如图 2-22 所示。从图 2-22 中可以看出，锂离子电池具备随着温度、SOC 变化而平缓变化的开路电压和内阻特性，这种优势使得锂离子电池更容易控制混合动力车辆的功率流。

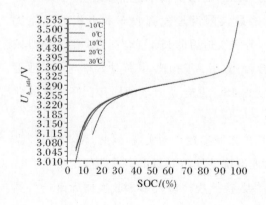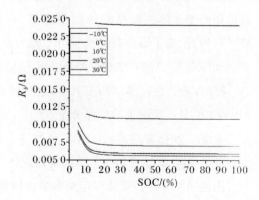

(a)

图 2-22 不同温度与状态下单体电池特性

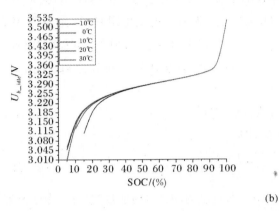 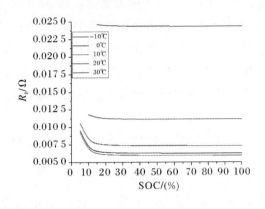

(b)

续图 2-22　不同温度与状态下单体电池特性

(a) 充电状态；(b) 放电状态

ISG 混合动力系统中的锂离子动力电池参数见表 2-10。

表 2-10　锂离子动力电池参数

参　　数		取　　值
单体电池	安时容量 /(A·h)	22.5
	额定电压 /V	3.2
	最大电压 /V	3.6
	最小电压 /V	2.5
串联个数		100
并联个数		4

3. AMT（Auto Manual Transmission 机械式自动变速箱）模型

与原型车辆相比，ISG 混合动力车辆是由发动机和 ISG 电机共同满足整车转矩需求的，ISG 混合动力系统需要根据整车转矩需求对两个动力源的需求负荷率进行合理分配。如果继续沿用原型车辆的机械式手动变速箱，那么就无法最大限度地发挥整车和电机的性能优势[116]。因此，为了顺应新一代越野车辆的发展趋势，升级改造后的 ISG 混合动力车辆选用机械式自动变速箱。AMT 将电子控制技术与 MT 相结合，与常用 AT 相比，其传动效率与可靠性更高、操纵性更方便以及结构更紧凑，这些优点能够使得 ISG 混合动力车辆具有良好的行驶性能，实现整个系统能量的最优分配[117]。

与 MT 换挡方式不同，AMT 换挡主要是根据挡位控制参数自动实现，因此，AMT 模型需要在前文 MT 模型的基础上匹配换挡规律，从而保证准确的换挡时机以实现挡位变换[118]。目前常用的 AMT 换挡规律包括单参数换挡规律、双参数换挡规律以及多参数换挡规律[119]，具体需要根据车辆满足动力性和经济性要求优先级来选择换挡规律。与单参数换挡规律相比，双参数换挡规律可以实现更好的控制效果，因此，选择以加速踏板负荷率和车速为挡位控制参数的双参数换挡规律,将加速踏板负荷率分为大、中、小3个区域分段进行挡位控制,如图2-23所示。加速踏板小负荷率时,采用只根据车速控制挡位的单参数换挡规律,保证车辆稳定、舒适地行驶;加速踏板中负荷率时,采用使发动机工作在经济工作区的经济性换挡规律,此时负荷率变化较小,保证车辆以最低燃油消耗为主,起到节省燃料的效果;加速踏板大负荷率时,采用满足车辆加速、爬坡等动力性能要求的动力性换挡规律,此时负荷率变化较大,保证车辆获得最佳动力性[120]。

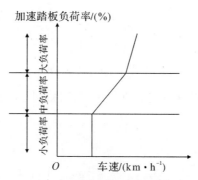

图2-23 加速踏板负荷率调整区域

换挡规律是换挡时发动机随挡位控制参数变化的关系,制定合理的AMT换挡规律是为了保证车辆满足动力性要求的前提下获得良好的经济性[94-95]。因此,随着加速踏板负荷率和车速变化的升、降挡曲线是建立AMT模型的关键。根据发动机数值模型可以得到发动机输出功率、发动机转速、有效燃油消耗率和加速踏板负荷率之间的函数关系,即

$$\left.\begin{array}{l} b_e = b_e(n_e, P_e) \\ P_e = P_e(n_e, L_a) \end{array}\right\} \tag{2-41}$$

式中,b_e 为发动机有效燃油消耗率,单位为 g/(kW·h);n_e 为发动机转速,单位为 rad/min;P_e 为发动机输出功率,单位为 kW;L_a 为加速踏板负荷率。

发动机转速与车速之间的关系式为

$$v = \frac{0.377 n_e r}{i_g i_0 i_w} \tag{2-42}$$

式中,i_0 为主减速器速比;i_w 为轮边减速器速比。

联立式(2-41)与式(2-42)得到有效燃油消耗率与车速、加速踏板负荷率之间的关系,即

$$b_e = b_e(v, L_a) \tag{2-43}$$

在忽略坡道阻力影响时,根据整车行驶纵向动力学分析模型式(2-25)得到 g 挡的整车驱动功率

$$P_{t\_g} = \frac{F_{t\_g} v}{3\,600 \eta_t} \tag{2-44}$$

在发动机万有特性曲线上,在加速踏板负荷率不变的情况下,相邻两挡燃油消耗曲线的交点对应的车速为车辆在该行驶条件下的最佳经济性换挡车速,即相邻两挡的整机燃油消耗率相等[119]。

$$B_{e\_g} = B_{e\_g+1} \qquad (2-45)$$

式中，B_{e_g}、B_{e_g+1} 分别为 g 挡、$g+1$ 挡的发动机整机燃油消耗率，单位为 g/h。

将式(2-43)和式(2-44)代入式(2-45)得到

$$b_{e\_g}P_{t\_g} = b_{e\_g+1}P_{t\_g+1} \qquad (2-46)$$

式中，b_{e_g}、b_{e_g+1} 分别为 g 挡、$g+1$ 挡的发动机有效燃油消耗率，单位为 g/(kW·h)。即

$$\frac{b_{e\_g}v}{3\,600\eta_t}\left(Gf + \frac{C_D A v^2}{21.15} + \delta_g m \frac{\mathrm{d}v}{\mathrm{d}t}\right) = \frac{b_{e\_g+1}v}{3\,600\eta_t}\left(Gf + \frac{C_D A v^2}{21.15} + \delta_{g+1} m \frac{\mathrm{d}v}{\mathrm{d}t}\right) \qquad (2-47)$$

求解非线性微分方程式(2-47)，将得到的速度解集 $v = \{v_1, v_2, \cdots, v_k, \cdots\}$ 与各挡位对应的最大和最小车速进行对比，从而确定最佳燃油经济性换挡车速 v_{gt_eco}，即

$$v_{gt\_eco} = \begin{cases} v_k, v_{\min\_g+1} < v_k < v_{\max\_g} \\ v_{\max\_g}, v_k < v_{\max\_g} \text{ 且 } v_k < v_{\min\_g+1} \\ v_{\min\_g+1}, v_k > v_{\max\_g} \text{ 且 } v_k > v_{\min\_g+1} \end{cases} \qquad (2-48)$$

式中，$v_{\max\_g}$ 为 g 挡最大车速，单位为 km/h；$v_{\min\_g+1}$ 为 $g+1$ 挡最小车速，单位为 km/h。

根据式(2-48)的原则得到各个加速踏板负荷率对应的升、降挡车速，即 AMT 换挡规律，如图 2-24 所示。为了保证车辆降挡时的平顺性，AMT 降挡曲线存在降挡延迟现象[121]。

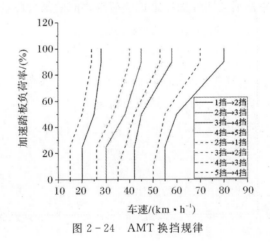

图 2-24 AMT 换挡规律

2.4.2 整车性能分析

在原型车辆前向仿真模型的基础上增加 ISG 电机、动力电池、AMT 控制器以及自动离合器等部件，将原型车辆改造升级成 ISG 混合动力车辆，其前向仿真模型如图 2-25 所示。以原型车辆参数以及新增部件参数作为仿真输入参数开展 ISG 混合动力车辆动力性和经济性仿真研究，并与原型车辆性能进行对比。

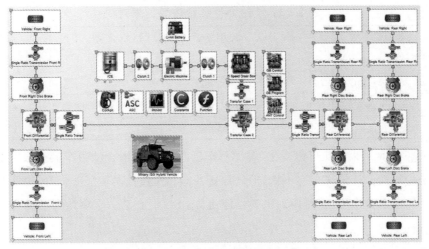

图 2-25 ISG 混合动力车辆前向仿真模型

1. 动力性分析

在混合动力车辆前向仿真模型基础上,对整车进行稳态性能分析、爬坡性能分析、全负荷加速性能分析,得到混合动力车辆的最高车速、最大爬坡度、0～80 km/h 加速时间以及 40～80 km/h 直接挡加速时间,与原型车辆动力性仿真结果对比如图 2-26 所示,动力性参数仿真结果对比见表 2-11。

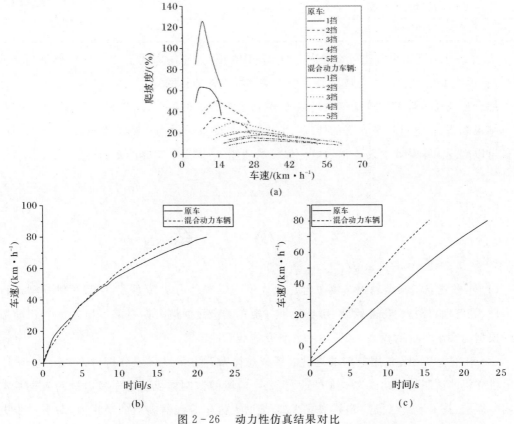

图 2-26 动力性仿真结果对比

(a) 爬坡性能对比; (b) 起步加速性能对比; (c) 直接挡加速性能对比

表 2-11　动力性参数仿真结果对比

动力性参数	原型车辆	ISG 混合动力车辆	性能对比
最高车速 /(km·h^{-1})	115.00	115.00	↑0
最大爬坡度 /(%)	63.83	129.12	↑102.29%
0~80km/h 加速时间 /s	21.58	17.78	↓17.61%
40~80 km/h 直接挡加速时间 /s	20.68	14.44	↓30.17%

从动力性仿真结果对比可以看出,与原型车辆相比,ISG 混合动力车辆受限于发动机转速和传动系统参数而保持最高车速不变,但其加速性能和爬坡性能均显著提升,说明 ISG 电机对整车起到了加速助力作用,明显体现出其性能优势,ISG 混合动力总成达到了提高整车动力性的目的。

2. 经济性分析

在混合动力车辆前向仿真模型基础上,对整车进行循环工况经济性分析,得到混合动力车辆在如图 2-8 所示的 NEDC 循环工况下的等效百公里油耗,与原型车辆经济性仿真结果对比见表 2-12。

表 2-12　NEDC 循环工况经济性参数仿真结果对比

循环工况经济性参数	原型车辆	ISG 混合动力车辆	节油率
等效百公里油耗 /L	17.94	12.49	30.38%

从经济性仿真结果对比可以看出,与原型车辆相比,油耗降低了 30.38%,燃油经济性明显提高,说明 ISG 混合动力总成达到了改善整车经济性的目的。

综合比较动力性和经济性参数可以看出,改造升级后的 ISG 混合动力车辆性能明显提升。仿真结果表明,在电机功率有限的情况下,实现了 ISG 混合动力车辆动力总成的应用目标,即不仅可以实现为车载武器装备提供电力保障的功能,还提高了车辆的动力性、改善了车辆的经济性。

2.5　小　　结

(1) 本章建立了某型越野车辆关键总成模型与整车动力学模型,对原型车辆模型进行了动力性、经济性、外特性仿真验证。仿真结果与实车实验数据最大偏差率不超过 3%,说明原型车辆模型与实车契合度较高,保证了后续研究的准确性。

(2) 对车载电力装备用电需求与供电系统总体布置方案进行了分析讨论,分两个阶段完成电机样机的试制与移动式发电车的改装。第一阶段的试制样机与驻车发电试验效果基本满足实际需求,技术形式已推广到某型雷达车、某型火炮车等武器装备的应用上,对下一步更高功率等级的移动式供电系统及其改造升级的研究具有参考价值;第二阶段扩展电机功率完成电机试制,并实现装车发电功能。在移动式供电系统的基础上,对移动式发电车进行改造升级,提出 ISG 混合动力系统方案,从供电性能和车辆性能两个方面对系统关键问题进行了分析。

(3) 建立 ISG 混合动力系统关键总成模型并开展整车性能仿真分析,与原型车辆动力性和经济性进行了对比。结果表明,用于移动供电的 ISG 混合动力车辆除可实现供电功能外,其最大爬坡度、0～80 km/h 加速性、40～80 km/h 直接挡加速性分别提升了 102.29%、17.61%、30.17%,NEDC 循环工况节油率可达 30.38%,车辆性能明显提升。ISG 混合动力系统设计与仿真研究也为后续能量管理策略在线验证和系统关键总成参数优化奠定基础。

第 3 章　ISG 电机优化设计

作为对武器装备进行电力保障的能量平台,ISG 混合动力车辆发电指标的优劣直接影响上装武器能否正常使用,对战场作战态势变化起了决定作用。发电指标取决于 ISG 电机的供电性能和电压调节装置的调压能力,而电机的供电性能也会受到电机设计过程中结构参数选取的影响,但完全依赖在电机上增加基于电力电子变换的电压调节器的方法来改善整车的供电品质会导致整车投入成本增加,而且对于大功率电机甚至会增加调压装置的负担,同样会增加控制成本。

通过第一阶段 ISG 电机试制的试验结果可以看出,输出电压的调整率虽然满足国家标准中的电气指标规定,但是仍有降低的空间从而进一步改善发电品质。因此,在第二阶段试验样机的基础上,开展第三阶段的电机设计研究。在不改变电机结构类型与外特性的情况下对电机进行优化设计,通过仿真研究的方式验证设计方法的正确性,为第三阶段电机样机试制奠定理论基础。

鉴于此,本章针对传统电机优化设计方法中存在的不足与优化过程忽视了发电指标优化的问题,从用电设备供电需求和 ISG 电机设计的角度出发,提出一种改进组合优化策略,选取电机结构参数作为设计变量优化电机性能参数以改善 ISG 电机的供电性能,减轻电压调节设备以及整车系统的负担,对整车发电指标起到了优化的作用,这对提升用于移动供电的 ISG 混合动力车辆供电品质具有重要意义。

3.1　ISG 电机模型的建立

为了分析 ISG 电机性能,应建立电机的参数化模型和有限元模型,从而找到可以表征电机结构和性能的参数以及验证电机设计的合理性。

3.1.1　参数化模型

本书研究的永磁同步电机主要设计参数见表 3-1,电机截面示意图如图 3-1 所示。由于径向结构在性能方面要优于切向结构,因此选择内转子内置式径向磁路结构作为电机结构,并且为了减少电机杂散损耗,定子绕组形式采用分布式单层短节距的星形接法。

表 3-1　永磁同步电机主要设计参数

参　　数	数　　值
极对数 p/槽数 Q	6/72
定子外径 D_1/mm	365
定子内径 D_{i1}/mm	258
转子外径 D_2/mm	256.4
轴向长度 L/mm	64
槽满率 S_f/(%)	≤80

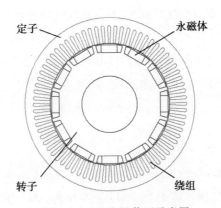

图 3-1　ISG 电机截面示意图

ISG 电机的 1/12 结构如图 3-2 所示,选取的结构设计参数分别为槽口宽度 b_{s0}、气隙长度 δ、永磁体厚度 h_m、永磁体宽度 b_m、磁桥宽度 b_b、永磁体间距 b_r 和轴向长度 L。

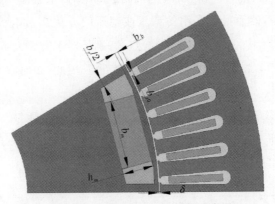

图 3-2　ISG 电机 1/12 结构示意图

在电机的优化设计问题中,目标函数的变量主要为电机的尺寸参数,通常取以初始值为中心点的一段区间,7 个结构设计参数的取值范围见表 3-2。

表 3-2　设计参数范围

设计参数	数值范围		
	初始值	最小值	最大值
槽口宽度 b_{s0}/mm	2.4	0.4	3.9
气隙长度 δ/mm	0.8	0.4	1.8
永磁体厚度 h_m/mm	15.9	7.9	21.9
永磁体宽度 b_m/mm	34.6	26.6	40.6
磁桥宽度 b_b/mm	1.8	1.2	2.6
永磁体间距 b_r/mm	7.9	3.4	13.9
轴向长度 L/mm	64	56	70

选取的电机性能参数分别为电压调整率 ΔU、空载电动势波形畸变率 k_U 和电机效率 η，作为电机的 3 个重要发电指标参数，其大小直接影响着 ISG 电机的发电性能。

(1) 电压调整率。电机的电压调整率是指当电机转速不变而负载变化时所出现的电压变化，ΔU 的数值大小取决于电机本身的基本特性，其表达式为[122]

$$\left. \begin{array}{l} E_0 = 4.44 f N K_{dp} \varPhi_{\delta 0} K_{\varPhi} \\ \Delta U = \dfrac{E_0 - U}{U_N} \end{array} \right\} \quad (3-1)$$

式中，E_0 为空载电动势有效值，单位为 V；f 为频率，单位为 Hz；N 为电枢绕组每相串联匝数；K_{dp} 为绕组因数；$\varPhi_{\delta 0}$ 为每极空载气隙磁通，单位为 Wb；$K_{\varPhi}$ 为气隙磁通的波形系数；U 为输出电压，单位为 V；U_N 为额定相电压有效值，单位为 V。

电压调整率是 ISG 电机工作在发电模式时的重要性能指标之一。在实际应用中，过高的电压调整率将对用电设备的运行产生较大影响，理想的情况是电压调整率尽可能小，因此有必要选择适当的电机参数对电机进行周密设计。电机制造成型后，永磁体产生的磁场难以调节导致输出电压很难控制[123,124]，然而目前采用的调压或稳压的方法是在电机上加装电力电子变换调压器，但这种方式存在结构复杂、成本高等缺点，特别是对于需要大范围调压的高功率电机，降低电机的电压调整率可以减轻其电压调节设备的负担。因此，如何减小电压调整率是 ISG 电机设计的重要问题之一。

(2) 空载电动势波形畸变率。电压波形正弦畸变率是指该电压波形中除基波以外所有各次谐波有效值平方和的平方根值与该波形基波有效值的百分比，反映了实际电动势波形与正弦波形之间的偏差程度，其表达式为[122]

$$k_U = \frac{\sqrt{U_2^2 + U_3^2 + \cdots + U_v^2 + \cdots}}{U_1} = \frac{\sqrt{\sum_{v=2}^{\infty} U_v^2}}{U_1} \quad (3-2)$$

式中，U_v 为电压的 v 次谐波有效值，单位为 V；U_1 为电压的基波有效值，单位为 V。

电压波形畸变率决定了发电机供电品质的优劣，工业生产中对同步发电机的电动势波形正弦性具有严格要求。内置式永磁同步发电机中,由于谐波的影响,空载电动势波形也不完全呈现正弦性,这会影响输出电压的稳定性。因此,很有必要减少电机空载电动势的谐波,通过改变结构参数调整电动势的波形[125,126],以达到电压波形正弦性变好的目的[127,128]。

(3)电机效率。电机的效率特性是指电机在额定转速、额定输出电压、功率因数为常数的状态下效率和输出功率之间的关系曲线。电机的损耗包括基本损耗和杂散损耗两部分,与其他电机一样,永磁同步电机的效率可以通过直接法或损耗分析法计算得到。在求出总损耗后,效率可表示为[22]

$$\eta = 1 - \frac{\sum p}{P + \sum p} \quad (3-3)$$

式中,$\sum p$ 为发电机总损耗,单位为 kW;P 为发电机输出功率,单位为 kW。

在永磁同步电机设计中,电机性能的重要指标包括输出功率、效率和功率密度等,因此提高电机的效率以及增大输出功率可以改善电机的性能。

3.1.2 有限元模型

根据电机参数化模型确定的设计参数建立电机的二维有限元模型,在所建立的模型上根据不同部分的精度要求设置不同的剖分密度进行网格划分,合理的网格密度能保证计算的准确性,模型网格划分如图3-3所示。

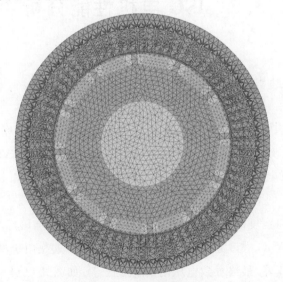

图 3-3 模型网格划分

通过对电机进行空载磁场分析,可以得到电机空载磁场分布和各部分磁通密度大小,由此了解电机各部分磁场的饱和情况,并判断磁路设计是否合理。本书设计的电机磁力线分布和磁通密度云图如图3-4所示。

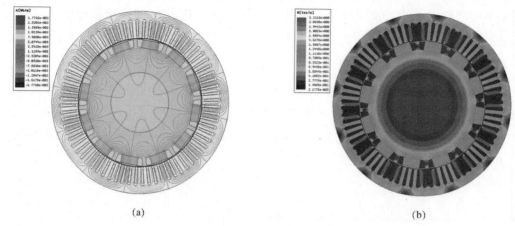

图 3-4　空载磁场分析

(a) 磁力线分布图；(b) 磁通密度云图

永磁体产生的磁通包括主磁通和漏磁通，主磁通通过定、转子之间的气隙进行能量转换，漏磁通的磁感线通过漏磁路闭合，主磁路和漏磁路并联形成每对磁极的磁路。从图 3-4(a) 磁力线分布图可以看出漏磁通较小，因此从漏磁的角度看设计是满足要求的；从图 3-4(b) 磁通密度云图可以看出电机的饱和区域非常小，磁极间的漏磁导致电机转子磁桥位置出现局部磁饱和。整个电机的磁通密度大小均比硅钢片 B-H 曲线饱和值要小，从而说明电机的设计是合理的。

3.2　ISG 电机性能分析

3.2.1　电机结构参数对性能参数的影响

在额定工况下，采用磁路法与有限元法相结合的方式对电机性能进行分析，分别只改变槽口宽度 b_{s0}、气隙长度 δ、永磁体厚度 h_m、永磁体宽度 b_m、磁桥宽度 b_b、永磁体间距 b_r 和轴向长度 L，得到各个设计参数对电压调整率 ΔU、空载电动势波形畸变率 k_U 和电机效率 η 的影响以及变化规律，如图 3-5～图 3-10 所示。

在定子冲片上，槽口宽度的大小影响定子每相漏抗，导致漏抗压降的改变，从而影响电压调整率。如图 3-5(a) 所示，槽口宽度越大，电压调整率越小，这是由于槽口宽度增大导致每相漏抗减小，降低了漏抗压降，最终导致电压调整率降低[22]；如图 3-5(b) 所示，槽口宽度越大，空载电动势波形畸变率越大，导致输出电压的正弦性越差；电机总的铁损随着槽口宽度的增大而降低，然而铜损和杂散损耗之和增加的过大导致电机效率降低，如图 3-5(c) 所示，随着槽口宽度进一步增大，它们的损耗和减小，因此电机效率又缓缓增大。不合理的槽口宽度所引起的温升增加会使得电机出现磁性能与绝缘材料绝缘性能下降等问题，故槽口宽度要选择适当。

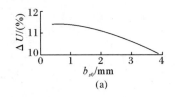 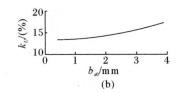 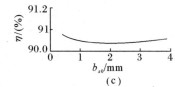

图 3-5 槽口宽度对电机性能的影响

(a) 槽口宽度对 ΔU 的影响；(b) 槽口宽度对 k_U 的影响；(c) 槽口宽度对 η 的影响

气隙长度是影响电机电气性能的一个重要参数,较小的气隙会节省永磁体材料,进而降低电机的制造成本[129],因此电机气隙和永磁体的匹配至关重要。如图 3-6(a)(b) 所示,气隙长度的大小影响磁路的磁阻,从而改变每极磁通的大小与直轴去磁作用的强弱,所以它会对空载电动势、输出电压及电压调整率产生影响[22,124];如图 3-6(c) 所示,随着气隙的减小,齿槽谐波和总损耗会增大[130],导致效率降低,而且气隙过小会增加电机装配的难度,转子旋转时易发生剐蹭现象[18]。

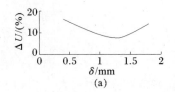 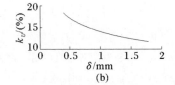 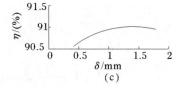

图 3-6 气隙长度对电机性能的影响

(a) 气隙长度对 ΔU 的影响；(b) 气隙长度对 k_U 的影响；(c) 气隙长度对 η 的影响

永磁体厚度会对永磁体的磁势、主磁导及漏磁导产生影响[124],而永磁体宽度影响气隙每极磁通,最终都会导致空载电动势的变化,进而影响电压调整率与空载电动势波形畸变率,如图 3-7(a)(b) 所示；永磁体厚度增大会降低电机旋转过程中转子的机械强度,同时永磁体尺寸过大会使铁芯饱和严重,铁耗增加,电机效率随之下降[126],如图 3-7(c) 所示。因此,优化永磁体尺寸大小会使永磁体工作在最佳工作点[129,131],得到更合理的有效磁路,永磁体利用率变大,使得电机尺寸减小从而降低样机制造成本,同时可以减少电动势波形的谐波量和降低齿槽转矩,从而提升电机性能[130]。

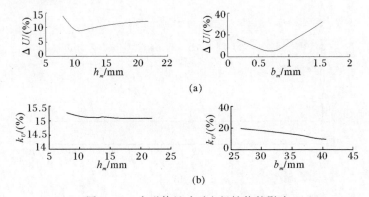

图 3-7 永磁体尺寸对电机性能的影响

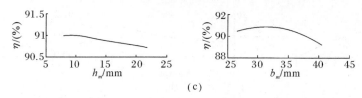

(c)

续图 3-7　永磁体尺寸对电机性能的影响

(a) 永磁体尺寸对 ΔU 的影响； (b) 永磁体尺寸对 k_U 的影响； (c) 永磁体尺寸对 η 的影响

隔磁磁桥可以增加转子的机械强度,该部位漏磁通的饱和可以起到限制永磁体漏磁的作用[129]。在图3-8(a)(b)中,磁桥宽度增大,电压调整率与空载电动势波形畸变率均降低,这是由于磁桥宽度能够影响电机的漏磁系数,进而对空载电动势、输出电压及电压调整率产生影响[124]；由图3-9(a)(b)(c)对比可以看出,永磁体间距对空载电动势波形畸变率的影响较为明显,但永磁体间距不能过小以确保转子一定的机械强度。

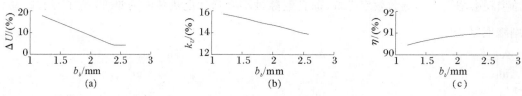

图 3-8　磁桥宽度对电机性能的影响

(a) 磁桥宽度对 ΔU 的影响； (b) 磁桥宽度对 k_U 的影响； (c) 磁桥宽度对 η 的影响

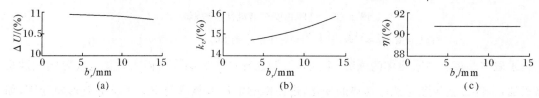

图 3-9　永磁体间距对电机性能的影响

(a) 永磁体间距对 ΔU 的影响； (b) 永磁体间距对 k_U 的影响； (c) 永磁体间距对 η 的影响

在图3-10(a)中,在电机匝数不变的情况下,随着轴向长度的增加,电压调整率增大,这是由于轴向长度会对每极磁通产生影响,进而改变了输出电压的大小[124]；在图3-10(c)中,轴向长度的增加会增大电机的总损耗,所以电机效率随轴向长度的增大而降低。

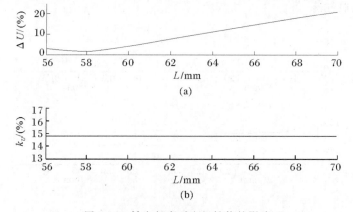

图 3-10　轴向长度对电机性能的影响

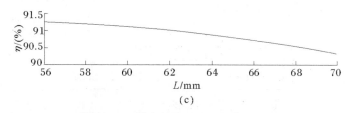

续图 3-10 轴向长度对电机性能的影响

(a) 轴向长度对 ΔU 的影响；(b) 轴向长度对 k_U 的影响；(c) 轴向长度对 η 的影响

3.2.2 敏感度分析

结构参数对性能参数的影响程度大小需要用敏感度值来衡量，如图 3-11(a)(b)(c) 所示，分别为电压调整率 ΔU、空载电动势波形畸变率 k_U、电机效率 η 与七个结构参数之间的敏感度值，敏感度数值越大，表示该结构参数对性能参数的影响越大，反之影响越小[129]。从图 3-11 可以看出，永磁体宽度 b_m 和轴向长度 L 对电压调整率 ΔU 和电机效率 η 影响较大，气隙长度 δ 和永磁体宽度 b_m 对空载电动势波形畸变率 k_U 影响较大，同时对比三个性能参数的敏感度数值可以看出，7 个结构参数整体上对电机效率 η 的影响程度很小。

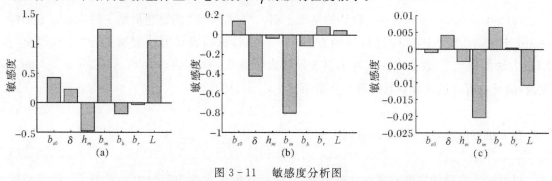

图 3-11 敏感度分析图

(a) 结构参数对 ΔU 的影响；(b) 结构参数对 k_U 的影响；(c) 结构参数对 η 的影响

综上所述，自由度较高的电机结构设计参数改变会影响电机的性能参数，参数之间具有十分复杂的关系。因此，为了降低电压调整率和空载电动势波形畸变率、提高电机效率，需要建立反映结构参数与性能参数之间非线性关系的近似模型，有助于找到改善电机性能的结构参数最佳组合。

3.3 基于试验设计的代理模型研究

在电机优化设计问题中，以结构参数为优化设计参数、性能参数为优化目标建立优化模型，但从电机性能分析结果中可以看出，结构参数与性能参数之间不能建立精确模型以确定二者关系。一般是采用有限元计算的方式得到两种参数之间的"黑箱子"关系，建立该"黑箱子"关系的计算过程即为建立代理模型的过程[132]，如图 3-12 所示。

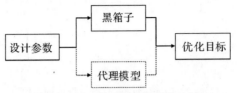

图 3-12 建立代理模型的过程

电机的设计参数与优化目标之间关系是强非线性,因此优化结果的准确性直接受到代理模型的影响。而代理模型的精度取决于建立模型所需要样本点的精度,样本点精度较差会导致优化过程趋向于局部最优,同时有限元仿真计算量的大小由样本点的数量决定,进而影响完成优化过程所需时间。因此,本书从试验设计方法和代理模型的角度出发,提出一种适用于车用ISG电机的高精度拟合算法。

3.3.1 试验设计方法

1. 拉丁超立方试验设计

1979年,McKay等人在随机设计的基础上引入"定额抽样"的思想提出了拉丁超立方抽样(Latin Hypercube Sampling,LHS)的方法[133-134],使得试验设计方法能够进行"空间填充"。LHS方法的原理是,设输出变量为y,其表示的数学模型是确定的,$x=(x_1,x_2,\cdots,x_k)$为输入变量,满足具有合适统计参数的概率分布函数$F_{xk}(x)$,即

$$y = f(x_1, x_2, \cdots, x_k), k = 1, 2, \cdots, n \tag{3-4}$$

在n维空间中,每一维坐标区间表示为

$$x_k \in [x_k^{\min}, x_k^{\max}] \tag{3-5}$$

根据输入变量的取值范围和分布函数,将坐标区间依次均匀等分为m个区间,每个小区间S_{ki}记为

$$[x_k^{i-1}, x_k^i], i = 1, 2, \cdots, m \tag{3-6}$$

采取等概率分层抽样的方式产生样本,每个区间由概率p_{ki}表示,即

$$p_{ki} = p(x_k \in S_{ki}), \sum p_{ki} = 1 \tag{3-7}$$

在等概率区间的情况下p_{ki}满足

$$p_{ki} = \frac{1}{m} \tag{3-8}$$

采样时每个区间随机选取其代表性参数,首先在区间[0,1]范围内产生m个随机数,第i个区间的随机数可表示为

$$U_i = \frac{U}{m} + \frac{i-1}{m} \tag{3-9}$$

式中,U为区间[0,1]范围内的任意一个均匀分布随机数。

再通过等概率变换得到每个小区间S_{ki}内的拉丁超立方样本点,则有

$$x_{ki} = F_{x_k}^{-1}(S_{ki}) \tag{3-10}$$

式中，$F^{-1}(\cdot)$ 为 $F(\cdot)$ 的逆函数。

按照上述过程，随机选取 m 个点，对一个因子的各个水平进行研究，但每个水平只允许被研究一次，即构成空间维数为 n、样本数为 m 的 LHS，记为 $m \times n$LHS。

与传统的全因子设计(Full Factorial Design，FFD)方法、正交数组(Orthogonal Arrays，OA)方法相比，LHS 方法具有较明显的优势。如图 3-13 所示，对于一个 2 因子 9 水平研究，采用 FFD 方法需要选取 81 个样本点，而 LHS 方法只需要研究 9 个样本点，表明 LHS 方法具有更强的空间填充能力；如图 3-14 所示，当选取 9 个样本点进行 2 因子试验时，OA 方法只能研究每个因子的 3 个水平，而 LHS 方法能够研究每个因子的 9 个水平，表明 OA 方法只能拟合不超过二阶的关系，LHS 方法有拟合三阶甚至更高阶数或者非线性更强关系的能力，采用相同数量的样本点可以研究更多的组合。

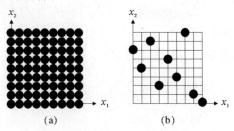

图 3-13　FFD 与 LHS 对比
(a)FFD；　(b)LHS

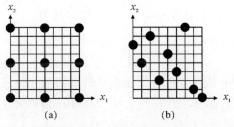

图 3-14　OA 与 LHS 对比
(a)3 水平 OA；　(b)LHS

LHS 方法解决了传统试验设计抽样的计算量巨大、样本点"堆积"、难以满足工程分析要求等问题[135]，样本可以更好地布满整个空间。但传统的 LHS 方法仍然存在高维均匀性差、伪相关性以及样本扩展性差等问题[136]，随着水平数的增加，可能会丢失设计空间的一些区域，抽样的随机性导致抽样精度较差以及不可重复性。为了克服上述缺点，多年来许多研究人员采用各类优化算法和搜索算法对传统 LHS 试验设计方法进行了优化，进而挑选出了空间填充性更好的样本。

2. 最大投影试验设计

2015 年，Joseph、Gul 和 Ba 提出了最大投影(Maximum Projection，MaxPro)抽样方法，该方法是在以欧几里得几何距离 Maximin 准则为评价方法的优化 LHS 的基础上对变量因子引入权重系数,通过控制样本点之间的距离大小确定样本在空间的离散程度,保证了较好的样本空间投影,且有效地覆盖变量概率分布的边界,使得所有的采样区域都能被样本点覆盖。根据空间填充性的改善程度,避开改善程度较小的局部最优设计,寻找更优的设计,最终能从抽样空间中挑选出最优的拉丁超立方样本。

MaxPro 抽样方法的基本原理[137,138]见下式

$$d(x_i, x_j; w) = \left(\sum_{l=1}^{p} w_l \mid x_{il} - x_{jl} \mid^2 \right)^{1/2} \quad (3-11)$$

$$\min_{D} \sum_{i=1}^{n-1} \sum_{j=i+1}^{n} \frac{1}{d^k(x_i, x_j; w)} \quad (3-12)$$

其中,式(3-12)为样本点空间填充性的评价标准。

式中,$d(x_i, x_j; w)$ 为样本点之间的加权欧几里得几何距离,$w = (w_1, \cdots, w_p)^T$;w_l 为变量 l 的权重系数,满足 $w_1, \cdots, w_l > 0, \sum_{l=1}^{p} w_l = 1$;$D$ 为设计区域,$D = \{x_1, \cdots, x_n\}$。

选取样本前,变量因子的权重系数 w 未知,且没有简单的方法选择权重系数 w。为了解决该问题,采用贝叶斯框架的方法计算权重系数,即 w 满足先验分布,有

$$p(w) = \frac{1}{(p-1)!}, w \in S_{p-1} \quad (3-13)$$

式中,$S_{p-1} = \{w: w_1, \cdots, w_{p-1} \geqslant 0, \sum_{l=1}^{p} w_l = 1\}$。

引入先验分布后式(3-12)的评价标准变为

$$\min_{D} \int \sum_{i=1}^{n-1} \sum_{j=i+1}^{n} \frac{1}{d^k(x_i, x_j; w)} p(w) d(w) \quad (3-14)$$

当 $p(w)$ 为均匀先验分布且 $k = 2p$ 时,式(3-14)可简化为

$$\min_{D} \sum_{i=1}^{n-1} \sum_{j=i+1}^{n} \frac{1}{\prod_{l=1}^{p} \mid x_{il} - x_{jl} \mid^2} \quad (3-15)$$

文献[139]已对 MaxPro 抽样方法得到样本点的空间填充性进行了验证,可以充分体现全局空间的特征。在高维空间样本点的均匀性方面,MaxPro 抽样方法要优于传统的 LHS 抽样方法和极大极小的拉丁超立方设计(Maximin Latin Hypercube Design,MmLHD)方法,MaxPro 抽样方法可以提供高精度的样本来拟合近似模型。因此,代理模型采用 MaxPro 抽样方法获取初始样本。

3.3.2 代理模型

代理模型方法是通过数学模型的方法逼近一组输入变量与输出变量的方法。20世纪70年代,L. A. Schmit 等人在结构设计优化中首次采用代理模型的方法,提高了优化算法的效率,使其在工程领域中的应用效果也逐渐凸显,其具体流程如图 3-15 所示。

目前常用的代理模型方法包括多项式回归模型、神经网络模型[140,141]、Kriging 模型等,本书对这 3 种方法进行了详细研究,并对 3 种代理模型的近似精度进行了比较。

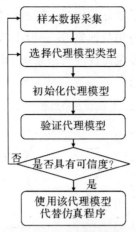

图 3-15 代理模型流程

1. 多项式回归(Polynomial Regression, PR)模型

多项式回归模型采用多项式函数拟合设计空间,通过较少的试验在局部范围内逼近函数关系,计算量小,构造的代数表达式形式简单。对于非线性问题,通常采用构造 $k(k=1,2,3,\cdots)$ 阶多项式的方法,所需的最少样本数取决于模型阶数 k 和输入变量数 n。

当 $k=1$ 时,初始化所需的最少样本点数为 $n+1$,响应近似值为

$$\tilde{y} = \beta_0 + \sum_{i=1}^{n} \beta_i x_i \tag{3-16}$$

当 $k=2$ 时,初始化所需的最少样本点数为 $(n+1)(n+2)/2$,响应近似值为

$$\tilde{y} = \beta_0 + \sum_{i=1}^{n} \beta_i x_i + \sum_{i=1,j=n+1}^{2n} \beta_j x_i^2 + \sum_{i \neq j} \beta_{ij} x_i x_j \tag{3-17}$$

当 $k=3$ 时,初始化所需的最少样本点数为 $[(n+1)(n+2)/2]+n$,响应近似值为

$$\tilde{y} = \beta_0 + \sum_{i=1}^{n} \beta_i x_i + \sum_{i=1,j=n+1}^{2n} \beta_j x_i^2 + \sum_{i=1,j=2n+1}^{3n} \beta_j x_i^3 + \sum_{i \neq j} \beta_{ij} x_i x_j \tag{3-18}$$

当 $k=4$ 时,初始化所需的最少样本点数为 $[(n+1)(n+2)/2]+2n$,响应近似值为

$$\tilde{y} = \beta_0 + \sum_{i=1}^{n} \beta_i x_i + \sum_{i=1,j=n+1}^{2n} \beta_j x_i^2 + \sum_{i=1,j=2n+1}^{3n} \beta_j x_i^3 + \sum_{i=1,j=3n+1}^{4n} \beta_j x_i^4 + \sum_{i \neq j} \beta_{ij} x_i x_j \tag{3-19}$$

按照上述方法可依次构造更高阶数的多项式函数,因此,多项式回归模型表达式为

$$y = \tilde{y} + \varepsilon \tag{3-20}$$

式中,ε 为局部偏差。

建立多项式回归模型时,以残差平方和(Residual Sum of Squares, RSS)最小为目标,可以降低局部偏差,从而提高模型的精度和质量,即

$$\min(\text{RSS}) = \min\left[\sum_{i=1}^{m}(y_i - \tilde{y}_i)^2\right] \tag{3-21}$$

式中,m 为选取样本点数;y_i 为响应实际值。

2. 神经网络(Neural Network, NN)模型

世界上第一个神经网络模型是 1943 年时由心理学家 McCulloch 和数理逻辑学家 Pitts 在

对大脑神经网络认识理解的基础上建立的,而后到了20世纪80年代,生物物理学家Hopfield将其成功应用到优化问题中,取得了较好的效果。神经网络模型是人工构建用于模拟大脑生物结构的数学模型,实现了对人脑的简化与抽象,是一种由信息处理单元模拟人工神经元并按照大规模并行的方式,通过拓扑结构连接而成的网络系统,其中信息处理单元功能简单且自适应能力强,其拓扑结构如图3-16所示。

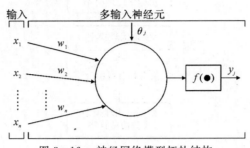

图3-16　神经网络模型拓扑结构

从图3-16中可以看出,简单神经元拓扑结构数学表达式为

$$y_j = f\left(\sum_{i=1}^{n} w_i x_i - \theta_j\right) \tag{3-22}$$

式中,y_j为输出信号;w_i为权重值;x_i为输入信号;θ_j为内部阈值;$f(\cdot)$为传递函数。

传递函数通过对输入信号和输出信号进行函数转换来模拟人工神经元的转移特性,这种特性可能是线性的,也可能是非线性的。常用的传递函数见表3-3,除了线性函数以外,其他变换函数均为非线性变换,由此可见神经网络模型适用于解决非线性问题。

表3-3　常用的神经网络传递函数

名称	函数
Linear-transfer 函数	$f(x) = cx$
Linear-threshold 函数	$f(x) = \begin{cases} 1, x \geqslant s \\ 0, x < s \\ c, x \in \text{其他} \end{cases}$
二值阈值逻辑	$f(x) = \begin{cases} 1, x \geqslant s \\ 0, x < s \end{cases}$
两极阈值逻辑	$f(x) = \begin{cases} 1, x \geqslant s \\ -1, x < s \end{cases}$
Sigmoid 函数	$f(x) = \dfrac{1}{1 + e^{-cx}}$
Hyperbolic-tangent 函数	$f(x) = \dfrac{e^{cx} - e^{-cx}}{e^{cx} + e^{-cx}}$

在实际工程应用中,遇到的大多数问题均为强非线性的,神经网络中的多层感知机模型更适合解决该类问题。其中,应用比较广泛的是误差反向传播(Error Back Propagation,BP)算法,它是由科学家Rumelhart在1985年提出的,目前已成为重要的神经网络模型之一。

如图3-17所示,该BP算法神经网络为典型三层结构,其输入层有n个神经元、隐含层有

p 个神经元、输出层有 q 个神经元,核心是"信息正向传播,误差反向传播",误差随着传递的过程不断修正,从而对权重值和内部阈值进行不断调节,以实现或逼近期望的输入与输出关系。为了满足对非线性问题输入和输出关系较高精度的逼近,在一个输入模式的顺传播过程中,两个传递函数分别为 $c=1$ 的 Sigmoid 函数与 $c=1$ 的线性传递函数。

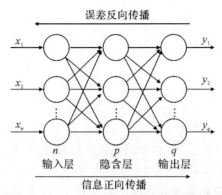

图 3-17　BP 算法神经网络结构示意图

设输入向量、输入层到隐含层的权重值向量、隐含层的输出向量分别为

$$\boldsymbol{X} = [x_1 \ x_2 \ \cdots \ x_n]^{\mathrm{T}} \tag{3-23}$$

$$\boldsymbol{W}_j = [w_{j1} \ w_{j2} \ \cdots \ w_{jn}]^{\mathrm{T}}, j = 1, 2, \cdots, p \tag{3-24}$$

$$\boldsymbol{B} = [b_1 \ b_2 \ \cdots \ b_p]^{\mathrm{T}} \tag{3-25}$$

由式(3-23)~式(3-25)可得隐含层第 j 个神经元的输出值为

$$b_j = f_1\Big(\sum_{i=1}^{n} w_{ji}x_i - \theta_j\Big) = \frac{1}{1 + \mathrm{e}^{(-\sum\limits_{i=1}^{n} w_{ji}x_i + \theta_j)}} \tag{3-26}$$

式中,θ_j 为隐含层神经元的内部阈值;$f_1(\cdot)$ 为 $c=1$ 的 Sigmoid 函数。

设输出向量、隐含层到输出层的权重值向量分别为

$$\boldsymbol{Y} = [y_1 \ y_2 \ \cdots \ y_q]^{\mathrm{T}} \tag{3-27}$$

$$\boldsymbol{V}_j = [v_{k1} \ v_{k2} \ \cdots \ v_{kp}]^{\mathrm{T}}, k = 1, 2, \cdots, q \tag{3-28}$$

隐含层的输出即是输出层的输入,则由式(3-27)和式(3-28)可得输出层第 k 个神经元的输出值为

$$y_k = f_2\Big(\sum_{j=1}^{p} v_{kj}b_j - \theta_k\Big) = \sum_{j=1}^{p} v_{kj}b_j - \theta_k \tag{3-29}$$

式中,θ_k 为输出层神经元的内部阈值;$f_2(\cdot)$ 为 $c=1$ 的线性传递函数。

按照上述 BP 算法神经网络的计算过程就可以完成一个输入模式的顺传播过程。在这一过程中的内部阈值与权重值是根据反向传递的误差值而不断进行更新的,输出层各神经元、隐含层各神经元的校正误差分别为

$$d_k = (o_k - y_k)y_k(1 - y_k) \tag{3-30}$$

式中,o_k 为输出层第 k 个神经元的期望输出值,则有

$$e_j = \left(\sum_{k=1}^{q} v_{kj} d_k \right) b_j (1 - b_j) \quad (3-31)$$

根据校正误差可得到"隐含层 → 输出层""输入层 → 隐含层"两个过程的权重值 Δv_{kj}、Δw_{ji}，输出层与隐含层两个神经元内部阈值 $\Delta \theta_k$，$\Delta \theta_j$，分别为

$$\left. \begin{array}{l} \Delta v_{kj} = \alpha d_k b_j \\ \Delta \theta_k = \alpha d_k \\ \Delta w_{ji} = \beta e_j x_i \\ \Delta \theta_j = \beta e_j \end{array} \right\} \quad (3-32)$$

式中，α，β 为学习系数，$\alpha > 0$，$0 < \beta < 1$。

3. Kriging 模型

Kriging 模型起源于地质统计学，它是一种以变异函数和结构分析理论为基础且估计方差最小的插值方法[142]，对于非线性问题具有较高的近似精度，在一定空间范围内对设计变量进行无偏、最优估计[143,144]，与回归分析相比，它能够为目标函数提供更好的全局预测[145]。Kriging 模型是全局近似模型和局部偏差联合构成的[36-38]，其表达式为

$$y(x) = g(x) + z(x) \quad (3-33)$$

式中，x 为设计变量；$y(x)$ 为拟合函数；$g(x)$ 为多项式响应面的全局近似函数；$z(x)$ 为局部偏差函数。

$z(x)$ 满足如下统计特性

$$\left. \begin{array}{l} E[z(x)] = 0 \\ Var[z(x)] = \sigma^2 \\ Cov[z(x_i), z(x_j)] = \sigma^2 R(\theta, x_i, x_j) \end{array} \right\} \quad (3-34)$$

式中，$E[z(x)]$ 为 $z(x)$ 的期望；$Var[z(x)]$ 为 $z(x)$ 的方差；$Cov[z(x_i), z(x_j)]$ 为 $z(x)$ 的协方差；$R(\theta, x_i, x_j)$ 是以 θ 为参数的相关函数，表示 n 个样本点中任意两个样本点之间的相关性。

由于高斯过程对非线性问题的拟合程度较好，故选择高斯模型作为相关函数，即

$$R(\theta, x_i, x_j) = \exp\left(-\sum_{k=1}^{m} \theta_k |x_{ik} - x_{jk}|^2 \right) \quad (3-35)$$

式中，m 为设计变量个数；θ_k 为拟合近似模型的未知相关系数。

确定相关函数后，采用加权最小二乘法和拉格朗日乘子法可得 $y(x)$ 在 x 处的估计值为

$$\hat{y} = \hat{\beta} + \boldsymbol{r}^T(x) R^{-1} (y - \boldsymbol{g}\hat{\beta}) \quad (3-36)$$

式中，β 为回归系数；$\boldsymbol{g}$ 表示长度为 n 的单位向量；$\boldsymbol{r}^T(x)$ 为样本点和插值点间的相关函数组成的矢量。

回归系数、方差估计值和相关矢量分别为

$$\left. \begin{array}{l} \hat{\beta} = (\boldsymbol{g}^T R^{-1} \boldsymbol{g})^{-1} \boldsymbol{g}^T R^{-1} y \\ \hat{\sigma}^2 = \dfrac{(y - \boldsymbol{g}\hat{\beta})^T R^{-1} (y - \boldsymbol{g}\hat{\beta})}{n} \\ \boldsymbol{r}(x) = [R(\theta, x, x_1) \; R(\theta, x, x_2) \cdots R(\theta, x, x_n)] \end{array} \right\} \quad (3-37)$$

式(3-36)和式(3-37)中的参数估计值均与相关系数 θ_k 有关,采用最大似然估计的方法得到 k 维非线性无约束的优化问题,即

$$\max_{\theta_k > 0} \left(-\frac{n \ln(\hat{\sigma}^2) + \ln|R|}{2} \right) \quad (3-38)$$

通过求解式(3-38)即可计算出相关系数 θ_k,从而得到最优插值拟合的 Kriging 模型。

$$f(x) = 3\sin(2x) + 2x^2 \cos(5x + 6) \quad (3-39)$$

为了验证上述 3 种代理模型对非线性问题的近似程度,从非线性函数式(3-39)中选取 25 个样本点,分别采用多项式回归模型、神经网络模型、Kriging 模型 3 种方法进行拟合[132],拟合曲线效果如图 3-18 所示。

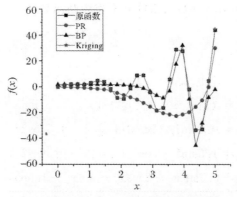

图 3-18 不同代理模型方法的拟合曲线

从图 3-18 中可以看出,多项式回归模型的拟合精度最差,无法跟踪原函数;BP 神经网络模型的拟合精度比多项式回归模型有所提高,但局部精度仍然不高;Kriging 模型基本与原函数重合,拟合精度最高。因此,选取 Kriging 模型作为拟合代理模型的方法。

3.3.3 算法提出与性能测试

Kriging 代理模型具有较强的预测能力,可以很好地解决拟合函数关系复杂的非线性问题,因此,Kriging 代理模型更适合于多变量、多约束、非线性的不确定模型拟合问题,可以在一定程度上提高优化效率;而 MaxPro 方法可以提供高精度的样本来拟合近似模型,避免 Kriging 模型的局部收敛,使得拟合模型更接近实际模型。综上所述,为了提高优化精度和效率,本书提出了基于 MaxPro 试验设计方法的 Kriging 代理模型(Kriging Surrogate Model Based on MaxPro,MaxPro-Kriging)拟合算法。

由于建立的拟合模型是反映输入和输出变量关系的近似模型,为了评估代理模型的适用性和拟合效果,必须对其精度进行检验。本书采用复相关系数的评价方法对近似模型进行评估,其表达式为

$$R^2 = \frac{\sum_{i=1}^{m}(\hat{y}_i - \bar{y})^2}{\sum_{i=1}^{m}(y_i - \bar{y})^2} \qquad (3-40)$$

式中，m 为检验模型精度的样本点数量；$\hat{y}_i$ 为由代理模型得到的第 i 个检验点响应预测值；y_i 为由仿真计算得到的第 i 个检验点响应真实值；$\bar{y}$ 为 m 个真实值的平均值。

从式(3-40)可以看出，复相关系数的取值范围是区间[0,1]，其值越接近于1，模型的拟合精度越高。为了测试算法的性能，本书采用了文献[146]的多维函数(POL、ZDT1、ZDT3)作为测试函数，将 MaxPro-Kriging 拟合算法与传统拟合算法进行了比较，测试函数 POL(不连续非凸函数)、ZDT1(连续凸函数，$n=6,7$)、ZDT3(不连续凸函数，$n=3,4,5$)分别如式(3-41)～式(3-43)。

$$\left.\begin{aligned}
f_1 &= 1 + (g_1 - z_1)^2 + (g_2 - z_2)^2 \\
f_2 &= (x_1 + 3)^2 + (x_2 + 1)^2 \\
g_1 &= 0.5\sin1 - 2\cos1 + \sin2 - 1.5\cos2 \\
g_2 &= 1.5\sin1 - \cos1 + 2\sin2 - 0.5\cos2 \\
z_1 &= 0.5\sin x_1 - 2\cos x_1 + \sin x_2 - 1.5\cos x_2 \\
z_2 &= 1.5\sin x_1 - \cos x_1 + 2\sin x_2 - 0.5\cos x_2 \\
x_1, x_2 &\in [-\pi, \pi]
\end{aligned}\right\} \qquad (3-41)$$

$$\left.\begin{aligned}
f_1 &= x_1 \\
f_2 &= z(1 - \sqrt{x_1/z}) \\
z &= 1 + 9\left(\sum_{i=2}^{n} x_i\right)/(n-1) \\
x_i &\in [0,1]
\end{aligned}\right\} \qquad (3-42)$$

$$\left.\begin{aligned}
f_1 &= x_1 \\
f_2 &= z\left[1 - \sqrt{x_1/z} - \frac{x_1}{z}\sin(10\pi x_1)\right] \\
z &= 1 + 9\left(\sum_{i=2}^{n} x_i\right)/(n-1) \\
x_i &\in [0,1]
\end{aligned}\right\} \qquad (3-43)$$

采用不同的试验设计和代理模型方法拟合了测试函数 POL-2,ZDT3-3,ZDT3-4,ZDT3-5,ZDT1-6 和 ZDT1-7 的近似模型，并对它们的精度进行了测试。具体方法包括 LHS-PR,LHS-NN,LHS-Kriging 和 MaxPro-Kriging，样本数量和拟合精度分别见表3-4～表3-9。

表 3-4 POL-2

算法	样本数量	复相关系数 R^2	
		f_1	f_2
LHS-PR	50	0.436 3	1
LHS-NN	50	0.951 5	1
LHS-Kriging	50	0.999 8	1
MaxPro-Kriging	30	0.999 9	1

表 3-5 ZDT3-3

算法	样本数量	复相关系数 R^2	
		f_1	f_2
LHS-PR	20	1	0.700 4
LHS-NN	20	0.982 5	0.673 8
LHS-Kriging	20	1	0.756 4
MaxPro-Kriging	15	1	0.881 3

表 3-6 ZDT3-4

算法	样本数量	复相关系数 R^2	
		f_1	f_2
LHS-PR	30	1	0.826 0
LHS-NN	30	0.994 3	0.688 2
LHS-Kriging	30	1	0.911 6
MaxPro-Kriging	20	1	0.965 3

表 3-7 ZDT3-5

算法	样本数量	复相关系数 R^2	
		f_1	f_2
LHS-PR	40	1	0.790 9
LHS-NN	40	0.968 7	0.556 6
LHS-Kriging	40	1	0.846 7
MaxPro-Kriging	30	1	0.946 1

表 3-8 ZDT1-6

算 法	样本数量	复相关系数 R^2	
		f_1	f_2
LHS-PR	10	无法拟合	无法拟合
LHS-NN	10	0.826 0	0.875 1
LHS-Kriging	10	1	0.953 0
MaxPro-Kriging	9	1	0.955 1

表 3-9 ZDT1-7

算 法	样本数量	复相关系数 R^2	
		f_1	f_2
LHS-PR	25	无法拟合	无法拟合
LHS-NN	25	0.687 8	0.873 5
LHS-Kriging	25	1	0.963 3
MaxPro-Kriging	20	1	0.968 5

对于不同维数的测试函数,在样本数量相同的情况下,Kriging代理模型的精度略高于多项式回归模型和神经网络模型,MaxPro抽样试验设计方法获得样本数量少于传统LHS抽样方法的同时保证了代理模型的高精度。对于高维度测试函数,传统的多项式回归模型在样本数量较少时出现了无法拟合的现象,而MaxPro抽样方法仍能保持样本较少而精度更高的优势。因此,与传统算法相比,本书提出的MaxPro-Kriging拟合算法具有明显优势,为后续优化设计方法的提出奠定基础。

3.4 基于代理模型的ISG电机优化设计方法

3.4.1 多目标优化问题及智能优化算法

多目标优化问题又称多准则优化问题、多性能优化问题或矢量优化问题,它是对实际工程问题中的多个子目标同时进行最优化的问题,但有时没有单独一个解能够同时使得所有目标达到最优,而且目标函数之间是相互冲突的。因此,需要设计人员在面对实际工程应用时进行多目标之间的比较,并进行权衡和折中。

多目标优化问题的数学描述为

第 3 章　ISG 电机优化设计

$$\left.\begin{array}{l} \min f_m(x), m=1,2,\cdots,M \\ \text{s.t.}\quad g_j(x)\leqslant 0, j=1,2,\cdots,J \\ \qquad h_k(x)=0, k=1,2,\cdots,K \\ x_i^{(L)}\leqslant x_i\leqslant x_i^{(U)}, i=1,2,\cdots,n \end{array}\right\} \quad (3-44)$$

式中，$f_m(x)$ 为第 m 个子目标函数；$g_j(x)$ 为第 j 个不等式约束条件；$h_k(x)$ 为第 k 个等式约束条件；x_i 为第 i 个设计变量；$x_i^{(U)}$、$x_i^{(L)}$ 分别为第 i 个设计变量的最大值和最小值。

在大多数情况下，各子目标之间是相互冲突的关系，某个目标的改善可能要以其他子目标降低为代价，其最优解通常为由多个解组成的一个解集，这些最优解的集合称为 Pareto 最优解集。它是由法国经济学家 V.Pareto 在研究经济学领域的多目标优化问题时提出的，最优解集对应的目标函数空间的像称为 Pareto 前沿。Pareto 最优解集包含了目标函数在所有权重下的最优解，代表了对不同优化目标的重视程度[147-148]。

20 世纪 70 年代以来，多目标优化问题受到国际社会的不断关注，因此，研究学者提出许多解决多目标优化问题的智能算法。正是由于智能算法具有自组织、自学习、并行计算的能力优势，它也成为解决工程实际中的非线性问题的较好方法，并得到广泛应用。多目标智能算法主要包括进化算法(Evolutionary Algorithm,EA)、禁忌算法(Tabu Search,TS)、模拟退火算法(Simulated Annealing,SA)、粒子群算法(Particle Swarm Optimization,PSO)以及蚁群算法(Ant Colony Optimization,ACO)等，其中以 EA 分支中的遗传算法(Genetic Algorithm,GA)应用最为广泛。针对传统遗传算法存在的问题，研究学者们提出了许多改进遗传算法，例如向量评价遗传算法(Vector-Evaluated Genetic Algorithm,VEGA)和随机权重遗传算法(Random-Weight Genetic Algorithm,RWGA)，多目标遗传算法得到了进一步发展。

2000 年，印度研究员 Srinivas 和 Deb 提出了带精英策略的非支配排序遗传算法(Elitist Non-dominated Sorting Genetic Algorithm,NSGA-Ⅱ)[137,146]，它是 NSGA(Non-dominated Sorting Genetic Algorithm,非支配排序遗传算法)的改良版，增强了 Pareto 算法前进能力，避免了陷入 Pareto 算法局部最优解。与传统 GA 算法相比，NSGA-Ⅱ 算法引入的非支配解快速排序保证了种群的多样性，可以更加全面地选择个体；基于适应度和拥挤度，如下式所示的选择机制使得非劣解的分布更加均匀；采用的精英保留策略提高了优化结果精度和种群质量，这些优势策略的应用使得 NSGA-Ⅱ 算法具有克服父代中优秀个体流失、降低计算复杂度、收敛速度快等优点，则有

$$d_i = \sum_{j=1}^{k} \left| \frac{y_j^{i+1}-y_j^{i-1}}{y_j^{\max}-y_j^{\min}} \right| \quad (3-45)$$

式中，d_i 是个体 i 的拥挤度；k 是目标函数的数量；y_j^{i+1}，y_j^{i-1} 分别是个体 $i+1$ 和个体 $i-1$ 的第 j 个目标适应度函数值；$y_j^{\max}$，$y_j^{\min}$ 分别是第 j 个目标函数的上限值和下限值。

在 NSGA-Ⅱ 算法中，交叉过程的运算机制采用引入模拟二进制交叉(Simulated Binary Crossover,SBC)算子的方法，在实码编码中通过单点基因交叉互换进行进化，基因点只有"0"和"1"两种。应用 SBC 算子由第 t 代个体 $x_i^{(1,t)}$、$x_i^{(2,t)}$ 交叉运算产生第 $t+1$ 代新的子个体，即

$$\left.\begin{array}{l} x_i^{(1,t+1)} = \dfrac{1+\beta_i}{2}x_i^{(1,t)} + \dfrac{1-\beta_i}{2}x_i^{(2,t)} \\[2mm] x_i^{(2,t+1)} = \dfrac{1-\beta_i}{2}x_i^{(1,t)} + \dfrac{1+\beta_i}{2}x_i^{(2,t)} \end{array}\right\} \quad (3-46)$$

式中,β_i 为传递因子,其值是由分布因子 u 根据下式动态随机决定的,即

$$\beta_i = \begin{cases} (2 \cdot \text{rand})^{\frac{1}{1+u}}, & \text{rand} \leqslant \frac{1}{2} \\ \left(\dfrac{1}{2-2 \cdot \text{rand}}\right)^{\frac{1}{1+u}}, & \text{其他} \end{cases} \quad (3-47)$$

式中,rand 为区间(0,1)范围内的随机数。

分布因子 u 是一个自定义的非负实数,其值反映了子代个体逼近父代个体的概率,u 越大,概率越大,因此 SBC 算子保证了父代染色体上存在的相关信息在子代染色体上得到了保护。在整个进化过程中,u 并不是固定不变的,在进化的初期,较小的 u 使得搜索变得分散,有助于保持解的多样性,随着进化过程的不断进行,解趋于收敛,u 也逐渐增大,使得搜索范围变得集中,提高了收敛速度。综上所述,对于高维空间目标优化问题,SBC 算子具有较强的寻优能力,可以避免陷入局部最优解和早熟收敛现象的产生。

NSGA-Ⅱ 算法变异过程的运算机制采用多项式变异(Polynomial Mutation Operator,PMO)的方法,PMO 方法使得进化过程中产生的新个体接近全局最优,避免了进化过程的终止而使得种群陷入局部最优,保证了进化过程可以顺利进行,直至逼近全局最优解。应用 PMO 方法由第 t 代个体 $x_i^{(1,t)}$ 变异运算产生第 $t+1$ 代新的子个体,则有

$$x_i^{(1,t+1)} = x_i^{(1,t)} + \delta_i (x_i^{(1,t)(U)} - x_i^{(1,t)(L)}) \quad (3-48)$$

$$\delta_i = \begin{cases} [2 \cdot \text{rand} + (1-2 \cdot \text{rand})(1-\delta)^{r+1}]^{\frac{1}{r+1}} - 1, & \text{rand} \leqslant \frac{1}{2} \\ 1 - [2(1-\text{rand}) + 2(\text{rand}-\frac{1}{2})(1-\delta)^{r+1}]^{\frac{1}{r+1}}, & \text{rand} > \frac{1}{2} \end{cases} \quad (3-49)$$

$$\delta = \min(x_i - x_i^{(1,t)(L)}, x_i^{(1,t)(U)} - x_i) / (x_i^{(1,t)(U)} - x_i^{(1,t)(L)})$$

式中,r 为变异分布因子;$x_i^{(1,t)(U)}$、$x_i^{(1,t)(L)}$ 分别为第 t 代个体 $x_i^{(1,t)}$ 的上限值和下限值。

NSGA-Ⅱ 算法流程如图 3-19 所示,具体实现过程如下。

(1) 随机产生初始种群 P_t,规模数为 N,计算每个个体的适应度值。

(2) 根据适应度值对所有个体进行非支配解排序,将所有个体划分成不同层级,按照式(3-45)计算各层级中每个个体的拥挤度。

(3) 对种群中的个体进行选择,应用 SBC 算子进行交叉运算,再采用 PMO 方法进行变异运算,从而得到规模数为 N 的子种群 Q_t。

(4) 将种群 P_t 和 Q_t 合并成规模数为 $2N$ 的新种群 R_t,再依次进行适应度计算、非支配解排序、拥挤度计算,根据适应度和拥挤度选取最优的 N 个个体构成新种群 P_{t+1},由于拥挤度越大,个体越优秀,因此选取时选拥挤度大的个体。

(5) 对种群 P_{t+1} 再依次重复进行步骤(3)中的操作,产生新一代子种群 Q_{t+1},其规模数为 N。

(6) 迭代是否终止取决于是否满足终止条件,若满足则结束,产生 Pareto 最优解集,否则,重复进行步骤(4)~(5),直至达到终止条件。

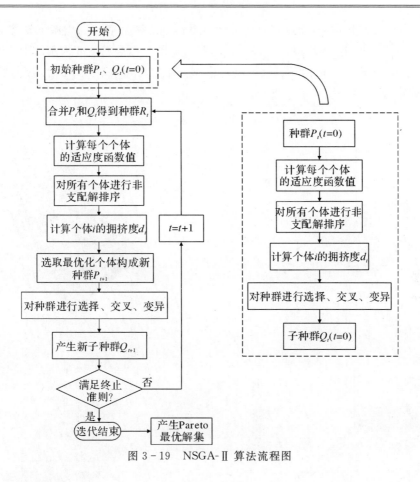

图 3-19 NSGA-Ⅱ算法流程图

3.4.2 ISG电机性能的多目标优化

在多目标优化设计的过程中,为了提高优化效率和精度,本书提出了 MaxPro-Kriging 拟合算法。在此基础上,考虑到优化的全局性并且能够快速获得全局最优解,提出基于 MaxPro-Kriging 的 NSGA-Ⅱ多目标优化算法,采用该优化算法对 ISG 电机性能进行多目标优化。

1. 电机优化模型

以电压调整率 ΔU、空载电动势波形畸变率 k_U 和电机效率 η 作为优化目标建立优化模型,则有

$$\left. \begin{array}{l} \min f(x) = \{\Delta U, k_U, -\eta\} \\ x_L \leqslant x_i \leqslant x_U \\ S_f \leqslant 0.8 \end{array} \right\} \quad (3-50)$$

式中,$f(x)$ 为目标函数;$x = [b_{s0}, \delta, h_m, b_m, b_b, b_r, L]$ 为优化变量;x_U 和 x_L 分别为优化变量的最大值和最小值;S_f 为槽满率。

2. 建立 Kriging 模型

模型的输入变量为槽口宽度 b_{s0}、气隙长度 δ、永磁体厚度 h_m、永磁体宽度 b_m、磁桥宽度 b_b、

永磁体间距 b_r 和轴向长度 L，通过有限元法计算得到电压调整率 ΔU、空载电动势波形畸变率 k_U 和电机效率 η 3 个输出变量。根据输入变量的取值范围和拟合精度要求选取 100 组样本点并建立响应关于 7 个输入变量的 Kriging 代理模型，图 3-20(a) ～ 图 3-20(l) 所示为部分 Kriging 代理模型。

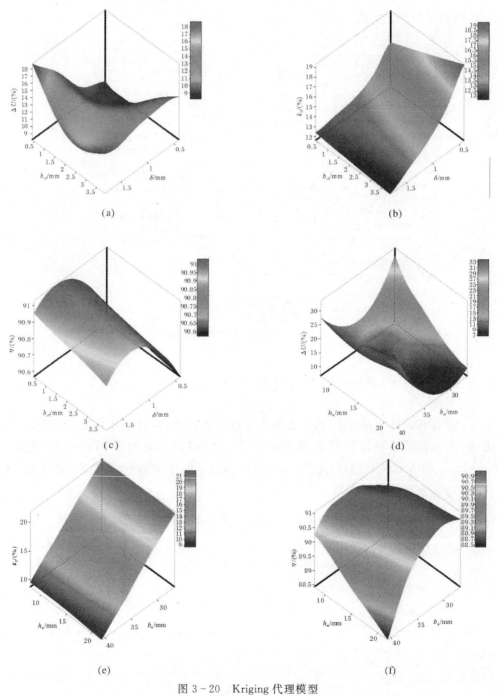

图 3-20 Kriging 代理模型

(a) b_{s0}, δ 和 ΔU； (b) b_{s0}, δ 和 k_U； (c) b_{s0}, δ 和 η； (d) h_m, b_m 和 ΔU； (e) h_m, b_m 和 k_U； (f) h_m, b_m 和 η

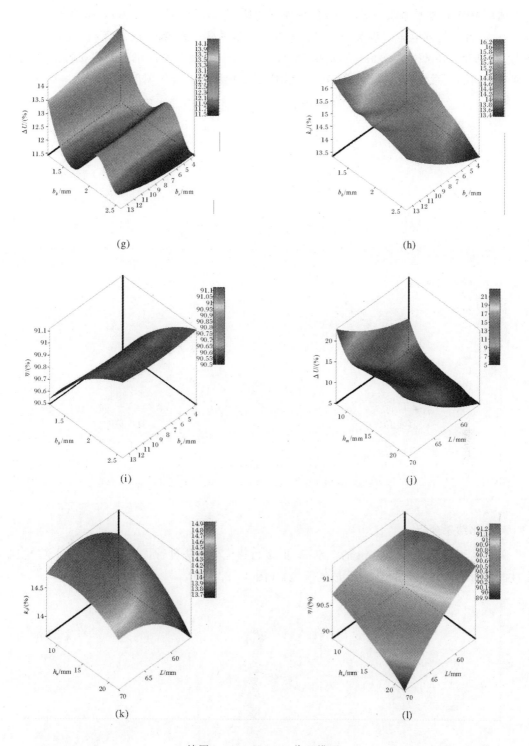

续图 3-20 Kriging 代理模型

(g) b_b, b_r 和 ΔU; (h) b_b, b_r 和 k_U; (i) b_b, b_r 和 η; (j) h_m, L 和 ΔU; (k) h_m, L 和 k_U; (l) h_m, L 和 η

由图 3-20 可以看出,Kriging 代理模型可以采用一定数量的样本点建立能准确反应输入变量和输出变量之间非线性关系的模型,提供输入和输出变量之间更好的全局与局部预测。

选取40个样本点来检验Kriging代理模型的精度,结果如图3-21所示。按照式(3-40)的计算方法,可以得到电压调整率ΔU、空载电动势波形畸变率k_U和电机效率η的复相关系数R^2分别为0.911 5,0.990 0,0.936 7,结果表明,Kriging代理模型能准确反映电机性能参数与设计变量之间的关系,满足精度要求,可以作为电机优化设计的替代模型。

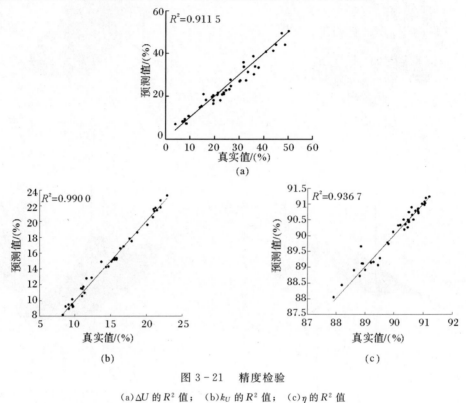

图3-21 精度检验

(a)ΔU 的 R^2 值; (b)k_U 的 R^2 值; (c)η 的 R^2 值

3. 优化结果分析

采用基于MaxPro-Kriging的NSGA-Ⅱ多目标优化算法进行优化求解,得到ISG电机工作性能多目标优化问题的Pareto最优解集,如图3-22所示。

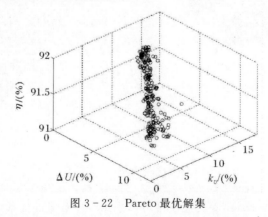

图3-22 Pareto最优解集

为了得到Pareto最优解集中目标变量之间更显而易见的关系,将图3-22的三维Pareto

最优解集投影到电压调整率 ΔU、空载电动势波形畸变率 k_U 和电机效率 η 组成的平面上得到性能参数的二维 Pareto 前沿,如图 3-23(a)(b)(c) 所示。从图 3-23 中 3 个目标值的取值趋势可以看出,ΔU 和 k_U 这两个目标函数之间是相互矛盾的,k_U 和 η 也是如此,其中一个目标函数达到最优要牺牲另一个目标函数,而 ΔU 和 η 却不矛盾,这也意味着 3 个目标函数很难同时达到最优,可以根据优化重视程度确定出所需要的"最优方案"。

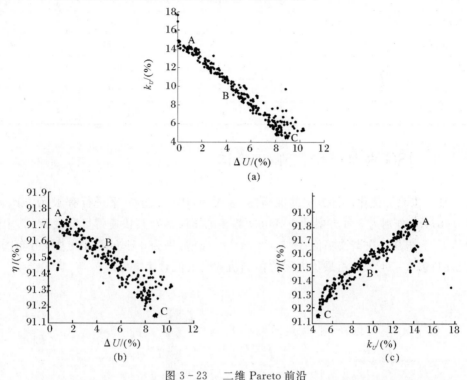

图 3-23 二维 Pareto 前沿

(a) ΔU 与 k_U 的二维 Pareto 前沿; (b) ΔU 与 η 的二维 Pareto 前沿; (c) k_U 与 η 的二维 Pareto 前沿

通过权衡三个目标变量的关系,从 Pareto 最优解集中选取三组最优方案(见图 3-23),针对不同的优化偏好和工程应用需求,本书讨论了 A、B、C 三种不同优化方案,其优化结果见表 3-10。方案 A 侧重优化电压调整率和电机效率,方案 B 同时兼顾了三个目标函数,方案 C 侧重优化空载电动势波形畸变率。ISG 电机作为发电机时,不同的功率等级与相应发电指标类型对应着不同的参数指标,根据电机设计电气指标要求与不同的优化目的,可以制定不同的优化策略,从而得到满足供电需求的优化设计结果。从表 3-10 中可以看出,三组方案的目标函数值均优于初始方案,说明了所提出的优化设计思路是有效的。

表 3-10 不同优化重视程度下的优化结果

参数	最优方案			初始方案
	A	B	C	
b_{s0}/mm	0.684 75	0.887 96	2.749 3	2.4
δ/mm	0.404 45	0.619 03	1.779 6	0.8
h_m/mm	20.377	20.38	20.995	15.9

续表

参数	最优方案			初始方案
	A	B	C	
b_m/mm	33.906	38.015	40.544	34.6
b_b/mm	2.475 7	2.546	2.596	1.8
b_r/mm	3.829 1	3.924 8	6.206 8	7.9
L/mm	56.17	56.153	56.029	64
ΔU/(%)	1.142 9	4.799 5	8.986 6	10.91
k_U/(%)	14.095	9.493 3	4.509	15.15
η/(%)	91.715	91.486	91.153	90.874 8

3.4.3 ISG 电机性能有限元验证

为了进一步验证优化设计方法的准确性,现对 A,B,C 三组方案进行有限元仿真验证。图 3-24(a)(b)(c) 分别为 3 种方案的空载电动势相电压波形及其快速傅里叶变换,其中傅里叶变换中的 E_v 为电压 v 次谐波幅值;图 3-25(a)(b)(c) 分别为 3 种方案的磁力线分布图以及磁通密度云图;表 3-11 为 3 组最优方案的预测值和真实值对比结果。

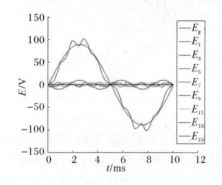
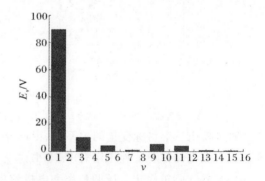

(a)

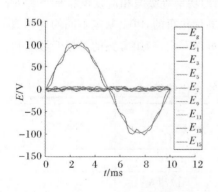
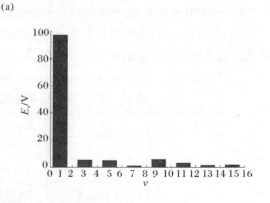

(b)

图 3-24 空载电动势波形和快速傅里叶变换

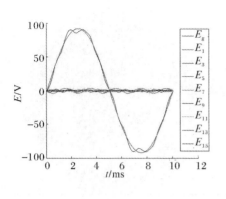
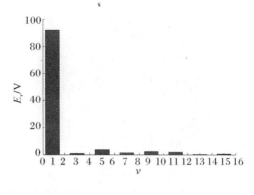

(c)

续图 3-24 空载电动势波形和快速傅里叶变换

(a) 方案 A; (b) 方案 B; (c) 方案 C

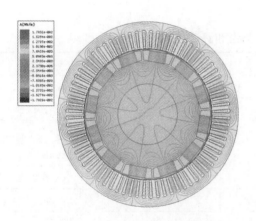
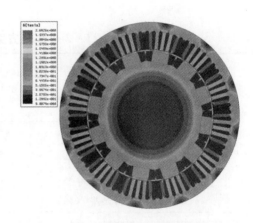

(a)

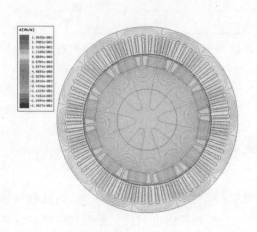
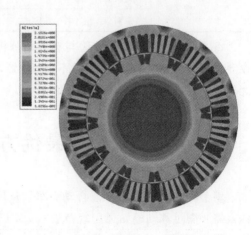

(b)

图 3-25 磁力线分布图和磁通密度云图

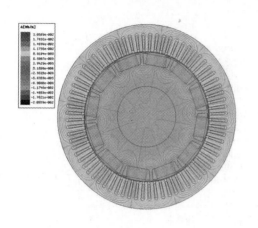
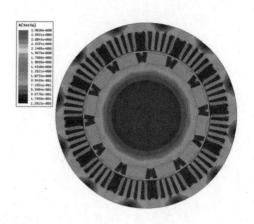

(c)

续图 3-25　磁力线分布图和磁通密度云图
(a) 方案 A；(b) 方案 B；(c) 方案 C

表 3-11　3 组最优方案的预测值和真实值对比结果

最优方案		ΔU	k_U	η
A	预测值 /(%)	1.142 9	14.095	91.715
	真实值 /(%)	1.073 7	14.326	91.278 1
	相对误差 /(%)	6.45	1.61	0.48
B	预测值 /(%)	4.799 5	9.493 3	91.486
	真实值 /(%)	4.536 9	10.156 9	91.169 2
	相对误差 /(%)	5.89	6.53	0.35
C	预测值 /(%)	8.986 6	4.509	91.153
	真实值 /(%)	9.416 2	4.695	91.145 1
	相对误差 /(%)	4.56	3.96	0.009

结果表明，采用优化方法与有限元分析得到的结果相一致，ΔU，k_U，η 三者的最大误差均在允许的范围内，最大相对误差不超过 7%，进一步验证了基于 MaxPro-Kriging 的 NSGA-Ⅱ 优化算法的准确性，同时，3 种方案均可以达到改善 ISG 混合动力车辆发电指标的目的。

3.5　最优方案发电指标评价

用于移动供电的 ISG 混合动力车辆从广义上可以称为陆用内燃机移动电站，则其电气指标就需要满足移动电站通用规范要求，而 ISG 混合动力车辆的供电品质又会受到电机供电性能的影响，因此，本书拟参考《GJB 235A—1997 军用交流移动电站通用规范》中规定的电气性能指标对 ISG 电机最优设计方案的发电指标进行评价。该规范适用于 0.5～500 kW 的移动电站，对电站指标类别、电压调整率、电压波形畸变率进行了详细规定，其规定指标见表 3-12。

表 3-12 电气指标规定

电站额定功率/(kW)	指标类别	原动机	电压调整率/(%)	电压波形畸变率/(%)
3～250	Ⅰ	柴油机	±1	≤5 或 ≤15
		汽油机		
	Ⅱ	柴油机		
		汽油机		
	Ⅲ	柴油机	±3	
		汽油机		
	Ⅳ	柴油机	±5	
		汽油机		
>250		柴油机	±2.5	≤5

从表 3-10 中初始方案的发电指标与表 3-12 中电气指标对比可以看出,电机初始方案的电气性能指标不满足移动电站通用规范要求,说明通过电机优化设计进而优化发电指标是很有必要的;从表 3-11 中 3 组最优方案发电指标与表 3-12 中电气指标对比可以看出,在电机保持高效率的情况下,3 组最优方案的电气指标分别满足了不同等级电站的要求。其中,方案 C 以牺牲掉一部分电压调整率为代价,电压波形畸变率达到了最优标准;方案 B 满足了 Ⅳ 类电站的标准,而方案 A 达到了 Ⅰ 类或者 Ⅱ 类电站的标准,电站指标类别优于其他两种方案。

综上所述,优化后的设计方案可以满足 Ⅰ 类电站要求,优化效果明显,在改善了 ISG 电机供电性能的同时,也减轻了电压调节设备以及整车系统的负担,对整车发电指标起到了优化的作用,可以满足对供电品质要求更高的武器装备等用电设备的用电需求,这对提升用于移动供电的 ISG 混合动力车辆供电品质具有重要意义。

3.6 小　　结

在前两个阶段的电机试制基础上,本章开展第三阶段的电机设计研究,为这一阶段的电机试制奠定理论基础。本章立足于 ISG 混合动力车辆供电功能与用电设备供电需求,针对电机优化设计方法中的不足与优化过程未考虑优化发电指标的问题,提出了一种改进的组合优化策略,优化了 ISG 电机发电指标,具体内容如下。

(1) 建立 ISG 电机的参数化模型和有限元模型,选取了 7 个结构设计参数和 3 个发电指标性能参数,分析了结构参数对发电指标的影响。结果表明,结构设计参数具有较高的自由度并且每个参数改变都会对电机的性能产生影响,对电机性能的影响程度也是不同的,参数之间关系复杂。

(2) 从试验设计方法和代理模型两个方面研究了基于试验设计的拟合近似模型算法,研究了两种试验设计方法和三种代理模型,其中 MaxPro 抽样方法可以提供高精度的样本来拟合近似模型,而 Kriging 代理模型对于解决非线性问题具有较强的预测能力,能够提高优化效率。因此,本书提出 MaxPro-Kriging 拟合算法,与传统组合策略相比,MaxPro-Kriging 拟合算法能够获得较少样本数的同时保证了代理模型的高精度,其性能上具有明显优势。

(3)在 MaxPro-Kriging 拟合算法的基础上,考虑到优化的全局性并且能够快速获得全局最优解,提出了基于 MaxPro-Kriging 的 NSGA-Ⅱ多目标优化算法,对 ISG 电机性能进行多目标优化,得到电机性能多目标优化问题的 Pareto 最优解集。根据不同的优化目的对优化目标进行权衡,从最优解集中选取了 3 种不同的最优方案,并进行了有限元验证。结果表明,3 种方案均优于初始方案,发电指标得到了优化,进一步证明了优化算法的准确性,用于移动供电的 ISG 混合动力车辆的发电品质也得到了改善。

(4)根据国家标准中规定的移动电站电气指标对最优方案发电指标进行了评价,对比分析了初始方案、方案 A、方案 B、方案 C 相应的指标类别。结果表明,最优方案可以满足 Ⅰ 类电站要求,对发电指标起到了较好的优化效果,可以满足对供电品质要求更高的武器装备等用电设备的用电需求,对改善用于移动供电的 ISG 混合动力车辆供电品质具有重要意义。

第 4 章 逻辑规则能量管理策略优化

本书以某型移动式发电车为基础,充分发挥 ISG 电机的性能优势以实现混合动力功能。由于发电车所搭载的电机是以驻车发电性能指标作为匹配原则,考虑的因素主要是驻车供电能力,所以与同类型的民用混合动力车辆相比,电机功率较低,同时越野车辆质量大,配备发动机功率高,而车辆性能依赖于动力源的协调控制,所以在电机功率有限的情况下制定合适的能量管理策略以提升移动式发电车的性能是 ISG 混合动力车辆研究的关键[112]。因此,本章以第 2 章提出的 ISG 混合动力系统方案为研究对象,应用有限状态机(Finite State Machine,FSM)理论对车辆工作模式转换进行分析,建立了逻辑规则能量分配方法,在此基础上,提出了基于 SOC 惩罚函数的瞬时优化方法对逻辑规则能量管理策略进行了优化,最后进行了仿真对比分析,为后续自适应能量管理策略研究奠定基础。

4.1 逻辑规则能量管理策略设计

4.1.1 系统功能分析

本书在 2.3 节中提出的 ISG 混合动力系统由发动机、ISG 电机、AMT、动力电池及相应控制器组成,该驱动系统属于中度混合动力系统,与传统 ISG 轻度混合动力系统相比,其节能和减排效果更加明显。通过采用在发动机和 ISG 电机之间增加一个自动离合器的布置形式,可以实现轻度混合动力系统所不具备的电机单独驱动工作模式,保证特定环境下车辆实现"静默行驶",且再生制动能量回收率更高,可进一步提高整车的经济性。

发动机与 ISG 电机之间安装有自动离合器,两个动力源通过该离合器进行协同工作,通过控制三者的状态使车辆具有纯电动行驶、纯发动机行驶以及混合驱动等工作模式。当车辆起步或低速行驶时,通过分离自动离合器,采用电机单独驱动车辆的工作模式,避免传统的发动机驱动模式在怠速或低速时所带来的较差经济性和排放性;当车速较高或加速时,自动离合器结合,采用发动机和电机联合驱动的模式;当车辆减速时,电机处于发电模式进行制动能量回收,通过分离自动离合器消除发动机倒拖阻力以提高能量回收效率;当整车制动需求较大时,根据需要由机械制动进行补充。

4.1.2 设计原则

ISG 混合动力车辆动力总成的应用目标是在为车载用电设备以及其他武器装备提供多规格电力保障的基础上提高车辆的动力性、改善车辆的经济性。根据系统所能实现的工作模式设计逻辑规则能量管理策略,需要满足以下设计原则。

(1) 满足车辆行驶工况要求和驾驶员的驾驶意图。

(2) 充分发挥 ISG 电机性能。电机单独驱动车辆可以实现"静默行驶";发动机拖动电机运转发电,持续为整车负载提供电能的同时还要满足车辆其他用电任务需要,在减速制动时起到制动能量回收的作用。此外,在车辆加速和爬坡时电机起到加速助力的作用,从而改善车辆的动力性,但不能粗暴影响驾驶体验。

(3) 合理分配发动机和 ISG 电机的能量,通过电机工作在发电模式或电动助力以调节发动机工作点,使得发动机工作点分布在高效区域内,可以保证发动机以良好的燃油经济性运转且动力电池 SOC 保持在合理水平。

因此,针对 ISG 混合动力系统所设计的逻辑规则能量管理策略必须具有良好的动态响应特性,动力源输出功率能够快速跟踪实际功率需要,同时保证发动机尽可能工作在高效区域。

4.1.3 体系结构

ISG 混合动力系统中的各个参数物理意义明确,在系统的控制过程中便于进行匹配和标定,因此,根据设计原则得到逻辑规则能量管理策略的体系结构,如图 4-1 所示。首先由驾驶员意图识别模块得到整车需求转矩,再根据已知的车速、动力电池 SOC 以及动力源状态等信息确定模式判别参数、判别条件以及发动机和 ISG 电机间的转矩分配参数,工作模式选择模块根据上述信息确定整车的工作模式以及进行模式转换,最后动力源负荷率分配模块结合转矩分配参数确定发动机和电机需求负荷率[149]。

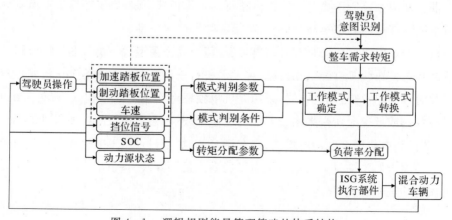

图 4-1 逻辑规则能量管理策略的体系结构

4.2　ISG 混合动力系统逻辑规则能量分配方法

在策略设计时,充分考虑混合动力系统中动力源的工作特性,如何根据模式判别参数和模式判别条件判断下一时刻车辆的工作模式是能量分配方法的核心研究内容。混合动力系统中的工作模式转换并不是简单的数值之间的关系,而是一种逻辑关系,其目的是使得车辆在行驶过程中根据输入的环境参数做出最适合且高效的反应。近年来,作为计算机科学、软件工程、通信技术、数字逻辑设计等领域常见的形式化模型之一,FSM 理论得到了广泛应用[150],它可以把复杂的控制逻辑分解成有限个稳定状态,具有状态记忆的功能,在每个状态上判断事件的发生与否,根据不同条件精确表现系统状态之间的迁移,因此在制定能量管理策略时,设计基于 FSM 的工作模式转换规则是非常合适且必要的。

4.2.1　基于 FSM 理论的工作模式转换方法

1. FSM 原理

FSM 是具有基本内部记忆功能的抽象机器模型,表示有限个离散状态以及这些状态之间的转移和动作等行为的数学模型[151],其在任意时刻都处于有限状态集合中的某一状态,当满足转移规则中的某一确定事件或指令时,FSM 会从当前状态转移到另一个状态。

在实际应用中,根据是否使用输入信号,FSM 分为两大类,即 Moore 型 FSM 和 Mealy 型 FSM。1956 年,Edward F. Moore 提出 Moore 型 FSM 这一概念,其输出信号仅与当前状态有关,这与 Mealy 型 FSM 形成对比。Mealy 型 FSM 的输出信号不仅由当前状态决定,还与所有输入信号有关,有利于减少模型中状态的数量。ISG 混合动力系统工作模式转换符合 Mealy 型 FSM 的特征,因此,本书采用 Mealy 型 FSM 构建系统工作模式的状态转移模型。

Mealy 型 FSM 可以由一个六元组表示,即

$$M = (S, s_0, I, O, T, F) \quad (4-1)$$

式中,S 为系统状态的非空有限集合,$S = \{s_0, s_1, \cdots, s_n\}$;$s_0$ 为系统初始状态,$s_0 \in S$;I 为系统输入信号的非空有限集合,$I = \{i_0, i_1, \cdots, i_n\}$;$O$ 为系统输出信号的非空有限集合,$O = \{o_0, o_1, \cdots, o_n\}$;$T$ 为系统状态转移函数的非空有限集合,$T = \{t_0, t_1, \cdots, t_n\}$;$F$ 为系统动作输出函数的非空有限集合,$F = \{f_0, f_1, \cdots, f_n\}$。

Mealy 型 FSM 的输出信号由当前状态和输入信号决定,状态转移函数定义为 $T: S \times I \to S$,如下式所示,表示输入信号 I 在状态转移函数 t 作用下满足状态转移条件时,当前状态 s_p 会转移到状态 s_q,则有

$$t(s_p, I) = s_q \quad (4-2)$$

式中,s_p、$s_q \in S$。

动作输出函数定义为 $F: S \times I \to O$,如下式所示,表示状态 s_q 在条件 t_1 与动作输出函数 f

共同作用下的输出信号 o_q,则有

$$f(s_q,t_I)=o_q \quad (4-3)$$

式中,$t_I \in T$、$o_q \in O$。

2. 系统状态机分类

对于 ISG 混合动力车辆而言,系统的基本状态机包括驻车发电状态机、换挡状态机、制动状态机和驱动状态机,其中,驱动状态机又可分为纯电动状态机、起动发动机状态机和混合状态机,它们相互之间的转换主要由驾驶员操作和车辆状态决定,属于外部事件触发的系统对象。根据实际驾驶员需求转矩,有限状态集合 S 可细分为 8 种状态机,即 $S = \{$驻车发电状态机,换挡状态机,制动状态机,纯电动状态机,起动发动机状态机,行车发电状态机,ISG 电机助力状态机,发动机直驱状态机$\}^{[152]}$,各个状态机描述如下[114]。

(1) 驻车发电状态机,即驻车发电模式(模式 1)。当动力电池电量较低或者需要给车载用电设备供电时,自动离合器结合,AMT 离合器分离,切断车轮与动力源之间的连接,起动发动机带动 ISG 电机工作,电机处于发电状态,车辆进入驻车发电模式,对动力电池进行充电的同时也为车载高低压负载提供电力保障,这样可以使得动力电池电量维持在一定水平,为电机的电动工作模式提供了保障。驻车发电模式能量流向如图 4-2 所示。

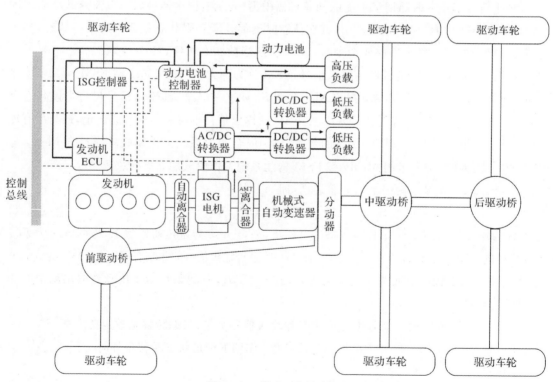

图 4-2 模式 1 能量流向

(2) 换挡状态机,即换挡模式(模式 2)。行驶过程中加速升挡或减速降挡时,车辆处于换挡模式,AMT 控制器控制换挡离合器从完全结合、滑摩到完全分离,再从完全分离、滑摩到完全结合,尽快完成升挡或者降挡。由于换挡过程为瞬态过程,所以对其能量流向不做说明。

(3) 制动状态机,即制动模式(模式3)。当车辆进入制动工况时,车轮反拖ISG电机,电机输出反向转矩工作在发电状态,车辆运行在再生制动模式,将制动回馈能量回收至储能装置;当再生制动不足以满足制动需求或者制动强度过大时,机械制动提供额外制动力,即采用"再生制动先行,机械制动补充"的制动原则。制动能量回收不仅提高了整车的能量使用效率,还有效地节省了燃料。制动模式能量流向如图4-3所示。

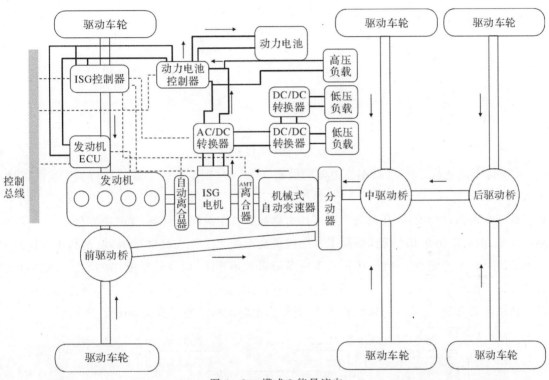

图4-3 模式3能量流向

(4) 纯电动状态机,即纯电动驱动模式(模式4)。当车辆处于低速或低负荷行驶工况时,发动机关闭,ISG电机处于电动模式并单独驱动整车,自动离合器分离,AMT离合器结合,车辆采用纯电动驱动模式行驶,这样可以避免发动机在低效率区域工作,减少怠速工况,提高了整车燃油经济性并降低了排放。混合动力车辆工作在纯电动驱动模式时,通常车速较低或者路况良好,整车需求转矩很低。纯电动驱动模式能量流向如图4-4所示。

(5) 起动发动机状态机,即起动发动机模式(模式5)。当ISG电机单独工作无法满足驾驶员需求转矩时,需要起动发动机来补充输出转矩,从而满足整车需求转矩。车辆进入起动发动机模式时,自动离合器结合,通过电机将发动机转速拖曳至工作转速,即发动机起动,而后车辆的转矩需求由两个动力源共同满足。由于起动发动机过程也为瞬态过程,所以对其能量流向不做说明。

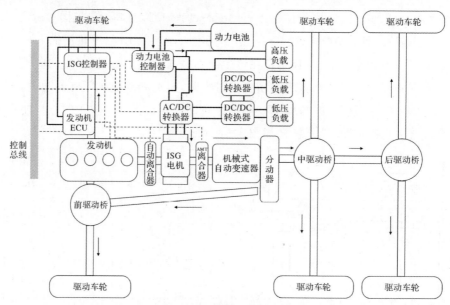

图 4-4 模式 4 能量流向

（6）行车发电状态机，即行车发电驱动模式（模式 6）。当车辆处于低负荷行驶工况或者动力电池 SOC 较低时，自动离合器结合，起动发动机后 ISG 电机进入发电模式，发动机输出功率除了保证车辆正常行驶外，其余功率充入动力电池以及车载用电设备，此时车辆处于行车发电驱动模式，电机工作在发电模式提高了发动机负荷率使之工作在高效区域，能量利用率较高，从而提高了整车的燃油经济性。该模式下整车需求转矩较小，而发动机输出的能量比较富裕，通过电机工作在发电模式将一部分能量保存到动力电池中，发动机运转在最佳燃油经济区，使得燃料燃烧更充分，降低了污染物的排放。行车发电驱动模式能量流向如图 4-5 所示。

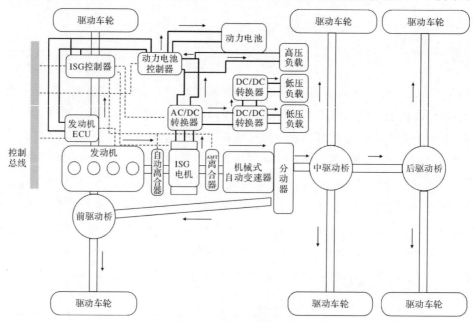

图 4-5 模式 6 能量流向

(7) ISG电机助力状态机,即 ISG 电机助力驱动模式(模式7)。当车辆高速或大加速度行驶时,单一动力源已经无法提供足够的动力供车辆行驶,发动机开启并提供主要动力,ISG 电机工作在电动状态补充额外动力,二者均处于运转状态,共同输出所需要的动力。车辆在道路情况复杂需要高转矩时通常采用助力驱动模式,该模式以发动机时刻运转在高效区域为基本原则,电机辅助发动机驱动车辆行驶。ISG 电机助力驱动模式能量流向如图 4-6 所示。

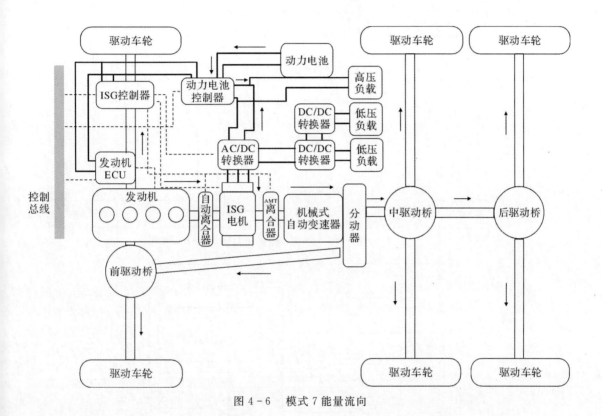

图 4-6　模式 7 能量流向

(8) 发动机直驱状态机,即发动机单独驱动模式(模式8)。为了避免电机助力驱动或纯电动模式下车辆高速行驶时动力电池快速充放电损失,延长动力电池使用寿命,当整车需求转矩满足发动机经济工作区转矩时,优先采用发动机单独驱动模式,此时发动机开启且负荷率较大,工作在高效率区域。该模式下动力电池电量充足,不需要对其充电,发动机运转在经济区域就可以满足整车转矩需求,充分发挥和利用燃料燃烧产生的能量以提高整个系统的效率。发动机单独驱动模式能量流向如图 4-7 所示。

随着运行工况的变化,ISG 混合动力车辆根据输入信号和状态转移函数得到的模式判别条件对整车的工作模式进行选择和转换,工作模式转换关系如图 4-8 所示。不同模式下发动机、电机以及两个离合器的状态也有所不同,混合动力系统各个模式下的部件状态见表 4-1。

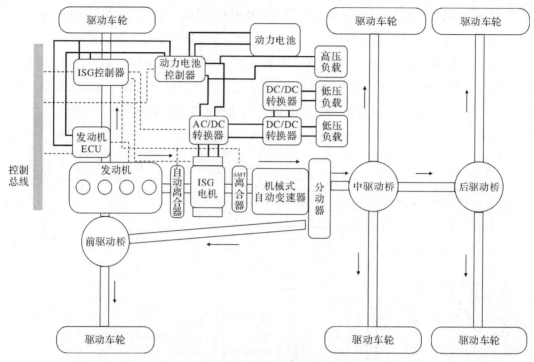

图 4-7 模式 8 能量流向

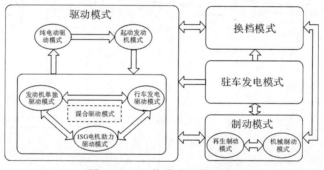

图 4-8 工作模式转换关系

表 4-1 混合动力系统各个模式下的部件状态

工作模式			部件状态			
			发动机	ISG 电机	自动离合器	AMT 离合器
模式 1			工作	发电	结合	分离
模式 2			*	*	*	#
模式 3			*	发电	*	#
驱动模式		模式 4	停机	电动	分离	结合
		模式 5	点火	电动	结合	分离
	混合驱动模式	模式 6	工作	发电	结合	结合
		模式 7	工作	电动	结合	结合
		模式 8	工作	停机	结合	结合

注:* 表示保持该部件前一时刻状态,# 表示 AMT 控制器控制离合器的状态。

3. 工作模式的状态转移分析

通过对FSM模型的六元组进行定性分析可知，输入信号集合和状态转移函数集合是实现混合动力系统工作模式转换和动力源转矩合理分配的关键。因此，基于发动机高效工作与动力电池SOC平衡对FSM的状态转移函数进行定量分析。

输入信号对应系统的模式判别参数，所以系统状态转移函数表示ISG混合动力车辆在接收到不同的状态参数信息时，从一个工作模式转移到另一个工作模式的规则，可以看作系统工作模式判别条件集合。在能量管理策略设计时，工作模式选择模块根据模式判别条件对整车的工作模式进行选择和转换，工作模式区域划分如图4-9所示。纯电动工作区上限，发动机经济工作区上、下限对整车需求转矩在发动机万有特性图上划分为四个区域，其中区域A表示纯电动驱动模式，区域B表示行车发电驱动模式，区域C表示发动机单独驱动模式，区域D表示ISG电机助力驱动模式。此外，还有驻车发电模式、换挡模式、制动模式、起动发动机模式等辅助工作模式。

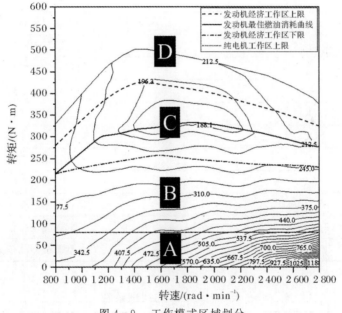

图4-9　工作模式区域划分

当车辆状态为驱动模式时，根据动力电池SOC和驾驶员需求转矩转换发动机和ISG电机工作状态。当驾驶员需求转矩小于纯电动工作区转矩上限或车辆低速行驶时，由电机单独驱动车辆以满足整车转矩需求；当驾驶员需求转矩大于纯电动工作区转矩上限时，电机带动发动机起动，由发动机和电机共同满足整车转矩需求，车辆进入混合驱动模式，保持发动机始终工作在经济工作区，通过ISG电机在发电和电动模式之间的转换来满足不同的驾驶员需求转矩，也可以使得动力电池SOC保持在合理范围。

当车辆状态为驻车发电模式时，发动机工作在经济转速，此时发动机的负荷率较大，其工作点尽量接近经济工作区；当车辆状态为换挡模式时，AMT离合器根据AMT控制器指令完成换挡过程；当车辆状态为制动模式时，根据车辆速度、动力电池SOC判断所采取的制动模式,再生制动状态下,ISG 电机工作在发电模式为动力电池充电,不足的制动需求由机械制动补充。

综上所述,各个模式的工作特征由车速、驾驶员操作和需求转矩、动力电池 SOC 以及划分工作区域限值等信号决定。因此,选取表 4-2 中的模式判别参数作为 FSM 的输入信号,采用逻辑语言描述的模式判别条件见表 4-3,即 FSM 的状态转移函数,其中,"→"为状态转移方向。

表 4-2 模式判别参数

输入信号	信号名称
$v/(\text{km} \cdot \text{h}^{-1})$	实际车速
$v_{p\_\max}/(\text{km} \cdot \text{h}^{-1})$	驻车最高车速
$v_{EV\_\text{Limit}}/(\text{km} \cdot \text{h}^{-1})$	纯电动允许最高车速
$n_e/(\text{rad} \cdot \text{min}^{-1})$	发动机实际转速
$n_w/(\text{rad} \cdot \text{min}^{-1})$	发动机工作转速
$T_{\text{req}}/(\text{N} \cdot \text{m})$	驾驶员需求转矩
$T_{EV\_\text{Limit}}/(\text{N} \cdot \text{m})$	纯电动区间转矩上限
$T_{e\_\text{eco\_low}}/(\text{N} \cdot \text{m})$	发动机经济工作区转矩下限
$T_{e\_\text{eco\_up}}/(\text{N} \cdot \text{m})$	发动机经济工作区转矩上限
SOC	动力电池 SOC 值
SOC_{low}	SOC 值下限
SOC_{high}	SOC 值上限
L_a	加速踏板负荷率
L_{shift}	换挡信号
$\text{SW}_{e\_\text{Before}}$	发动机前一时刻起闭信号
ICE Start	起动发动机信号
$p_{\text{brake}}/\text{Pa}$	驾驶员制动压力

表 4-3 模式判别条件

工作模式转换		转换条件
模式 1 →	模式 2	$L_{\text{shift}} == 1$
	模式 3	$\sim(p_{\text{brake}} > 0 \&\& v < v_{p\_\max} \&\& \text{SOC} < \text{SOC}_{\text{low}} \&\& L_a == 0)$
	驱动模式	$p_{\text{brake}} == 0$
模式 2 →	模式 3	$L_{\text{shift}} == 0 \&\& p_{\text{brake}} > 0$
	驱动模式	$L_{\text{shift}} == 0 \&\& p_{\text{brake}} == 0$
模式 3 →	模式 1	$p_{\text{brake}} > 0 \&\& v < v_{p\_\max} \&\& \text{SOC} < \text{SOC}_{\text{low}} \&\& L_a == 0$
	模式 2	$L_{\text{shift}} == 1$
	驱动模式	$p_{\text{brake}} == 0$

续 表

工作模式转换		转换条件
驱动模式 →	模式 2	$L_{shift} == 1$
	模式 3	$p_{brake} > 0$
模式 4 →	模式 5	$(v > v_{EV\_Limit} \&\& T_{req} > T_{EV\_Limit}) \| \| \text{ICEStart} == 1$
模式 5 →	模式 4	$(v <= v_{EV\_Limit} \| \| (T_{req} <= T_{EV\_Limit} \&\& SW_{e\_Before} == 0))$ $\&\& \text{ICEStart} == 0$
	混合驱动模式	$n_e > n_w \| \| (n_e < n_w \&\& SW_{e\_Before} == 1)$
混合驱动模式 →	模式 5	$n_e < n_w \&\& SW_{e\_Before} == 0$
模式 6 →	模式 8	$\sim (T_{req} < T_{e\_eco\_low} \| \| T_{req} > T_{EV\_Limit} \| \| SOC < SOC_{high})$
模式 7 →	模式 8	$\sim (T_{req} > T_{e\_eco\_up} \| \| SOC > SOC_{low})$
模式 8 →	模式 6	$T_{req} < T_{e\_eco\_low} \&\& T_{req} > T_{EV\_Limit} \&\& SOC < SOC_{high}$
	模式 7	$T_{req} > T_{e\_eco\_up} \&\& SOC > SOC_{low}$

根据 ISG 混合动力车辆工作模式的状态转移分析，建立如图 4-10 所示的工作模式转换 FSM 模型，从而对工作模式转换过程进行图形化描述。图 4-10 中箭头方向表示工作模式之间的相互转换，括号内为表 4-3 中相应的模式判别条件。

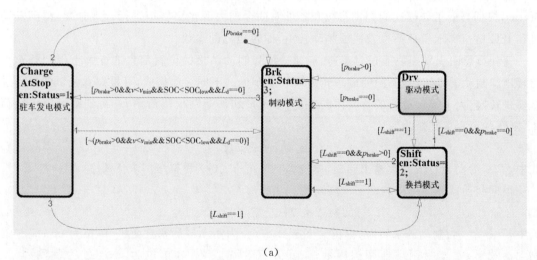

(a)

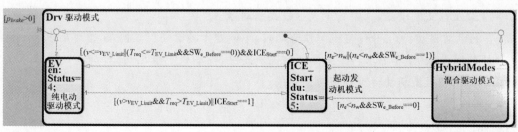

(b)

图 4-10 工作模式转换 FSM 模型

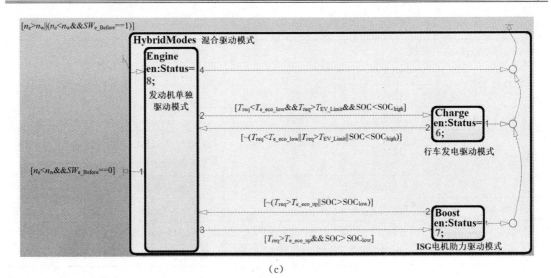

续图 4-10　工作模式转换 FSM 模型

(a) 模式 1,2,3 与驱动模式之间的转换；(b) 模式 4,5 与混合驱动模式之间的转换；(c) 模式 6,7,8 之间的转换

4.2.2　动力源负荷率分配方法

ISG 混合动力系统由 FSM 动作输出函数得到的输出信号代表了系统当前的工作模式 Status,根据当前工作模式的判别参数和条件对两个动力源输出转矩进行合理分配,得到发动机和 ISG 电机需求负荷率以及机械制动转矩,即转矩分配参数。

驾驶员意图识别模块通过对车速、加速踏板和制动踏板的位置信息进行解析得到整车需求转矩和制动需求转矩,不同的需求转矩代表了车辆的不同工作模式,可根据驾驶员的操作进行模式转换。为了提供更好的驾驶体验,根据车速 v 和加速踏板负荷率 L_a 得到整车需求负荷率,则驾驶员需求转矩为

$$T_{req} = T_{max} f_{req}(v, L_a) \tag{4-4}$$

式中,T_{max} 为动力总成最大输出转矩,单位为 N·m；$f_{req}(\cdot)$ 为整车需求负荷率。

根据制动器原理可得制动需求转矩为

$$T_{req\_brake} = 2 p_{brake} A_{brake} \eta_{brake} \mu_{brake} r_{brake} c_{brake} \tag{4-5}$$

式中,T_{req_brake} 为制动需求转矩,单位为 N·m；A_{brake} 为制动器活塞缸面积,单位为 m^2；η_{brake} 为制动器效率；μ_{brake} 为制动器摩擦因数；r_{brake} 为有效摩擦半径,单位为 m；c_{brake} 为制动因子,$c_{brake} = 1$ 表示盘式制动器,$c_{brake} > 1$ 表示鼓式制动器。

(1) 纯电动驱动模式。ISG 电机单独驱动时,车辆处于纯电动行驶模式,整车需求转矩低于纯电动工作区上限。整车需求转矩全部由电机来提供,发动机不输出转矩。纯电动模式下动力源需求负荷率和机械制动转矩分别为

$$\left. \begin{array}{l} L_e = 0 \\ L_m = \dfrac{T_{req}}{T_{m\_max}} \\ T_{brake} = 0 \end{array} \right\} \tag{4-6}$$

式中，L_e 为发动机需求负荷率；L_m 为 ISG 电机需求负荷率；T_{m_max} 为 ISG 电机电动模式下输出最大转矩，单位为 N·m；T_{brake} 为机械制动转矩，单位为 N·m。

(2) 行车发电驱动模式。在行车发电工作模式下，整车需求转矩介于纯电动区间上限与发动机经济工作区下限之间且 SOC 较低，考虑加速踏板负荷率以及动力电池 SOC 的影响分配发动机和 ISG 电机的输出转矩，这样既可以满足整车动力性又能够实现行车发电。此时，发动机工作在经济工作区下限以上，根据加速踏板负荷率和 SOC 调整发动机输出转矩，整车需求转矩由发动机提供，多余转矩用于带动 ISG 电机为动力电池充电，或为车载武器装备等用电设备提供电力保障。行车发电模式下动力源需求负荷率和机械制动转矩分别为

$$\left. \begin{array}{l} L_e = \dfrac{(T_{e\_eco\_up} - T_{e\_eco\_low})\beta_a \beta_{SOC} L_a + T_{e\_eco\_low}}{T_{e\_max}} \\ L_m = -\dfrac{T_{e\_max} L_e - T_{req}}{T_{m\_max}} \\ T_{brake} = 0 \end{array} \right\} \quad (4-7)$$

式中，T_{e_max} 为发动机最大输出转矩，单位为 N·m；β_a 为加速踏板负荷率放大系数；β_{SOC} 为 SOC 放大系数。

(3) 发动机单独驱动模式。车辆在发动机单独驱动时，整车需求转矩在发动机经济工作区范围内，发动机工作效率较高并满足整车全部转矩需求，ISG 电机不输出转矩。发动机单独驱动模式下动力源需求负荷率和机械制动转矩分别为

$$\left. \begin{array}{l} L_e = \dfrac{T_{req}}{T_{e\_max}} \\ L_m = 0 \\ T_{brake} = 0 \end{array} \right\} \quad (4-8)$$

(4) ISG 电机助力驱动模式。在电机助力模式下，整车需求转矩高于发动机经济工作区转矩上限，发动机和 ISG 电机协同工作以满足整车全部需求转矩，电机助力模式以发动机时刻运转在经济工作区上限为基本原则，电机补充额外转矩。ISG 电机助力模式下动力源需求负荷率和机械制动转矩分别为

$$\left. \begin{array}{l} L_e = \dfrac{T_{e\_eco\_up}}{T_{e\_max}} \\ L_m = \dfrac{T_{req} - T_{e\_eco\_up}}{T_{m\_max}} \\ T_{brake} = 0 \end{array} \right\} \quad (4-9)$$

(5) 驻车发电模式。当车辆处于低 SOC 或者需要车辆停驶状态下为车载武器装备等用电设备供电时，车辆进入驻车发电模式，发动机定转速运行，ISG 电机处于发电模式。驻车发电模式下动力源需求负荷率和机械制动转矩分别为

$$\left. \begin{array}{l} L_e = f_{PID}\left(1 - \dfrac{n_e}{n_{e\_target}}\right) \\ L_m = -\dfrac{T_{m\_target}}{T_{m\_max}} \\ T_{brake} = T_{req\_brake} \end{array} \right\} \quad (4-10)$$

式中，n_{e_target} 为发动机目标转速，单位为 rad/min；T_{m_target} 为 ISG 电机发电目标转矩，单位为 N·m。

(6) 换挡模式。换挡过程中，发动机和 ISG 电机均不输出转矩。换挡模式下动力源需求负荷率和机械制动转矩分别为

$$\left.\begin{array}{l} L_e = 0 \\ L_m = 0 \\ T_{brake} = 0 \end{array}\right\} \quad (4-11)$$

(7) 制动模式。当车辆制动压力大于零时，根据制动需求确定制动模式，发动机不输出转矩，ISG 电机提供再生制动转矩，机械制动器提供机械制动转矩。制动模式下动力源需求负荷率和机械制动转矩分别为

$$\left.\begin{array}{l} L_e = 0 \\ L_m = -\dfrac{T_{reg\_brake}}{T_{m\_max}} \\ T_{reg\_brake} = T_{m\_max} k_{SOC} f_{brake}\left(v, \dfrac{p_{brake}}{p_{max}}\right) \end{array}\right\} \quad (4-12)$$

$$\left.\begin{array}{l} \Delta T = T_{req\_brake} - \dfrac{T_{reg\_brake}}{\eta_t} i_t \\ T_{brake} = \begin{cases} \Delta T, \Delta T > 0 \\ 0, \Delta T \leqslant 0 \end{cases} \end{array}\right\} \quad (4-13)$$

式中，T_{reg_brake} 为再生制动转矩，单位为 N·m；k_{SOC} 为动力电池 SOC 影响因子；$f_{brake}(\cdot)$ 为制动负荷率；p_{max} 为最大制动压力，单位为 Pa。

(8) 起动发动机模式。当整车需求转矩高于纯电动工作区上限时，需要起动发动机以补充转矩需求。ISG 电机利用自动离合器的结合在很短时间内将发动机拖转到点火转速，然后发动机喷油点火，从而起动发动机。起动发动机模式下动力源需求负荷率和机械制动转矩分别为

$$\left.\begin{array}{l} L_e = 0 \\ L_m = 1 \\ T_{brake} = 0 \end{array}\right\} \quad (4-14)$$

4.2.3 能量分配方法验证

目前，对混合动力车辆能量管理策略的验证方法主要有实车测试验证、实验台架模拟验证以及计算机软件仿真验证。由于实车测试需要花费较高的成本和较长的周期，并且 ISG 混合动力车辆结构对实验台架要求较高，因此，本书采取应用仿真计算软件的方法验证能量管理策略的正确性和有效性[153]。在 ISG 混合动力车辆前向仿真模型的基础上建立整车能量管理策略验证前向仿真模型，增加了电压转换器模块、高低压负载模块、数据交互模块以及逻辑门限值模块，如图 4-11 所示。其中，高低压负载模块模拟不同车载武器装备等用电装置。

第 4 章 逻辑规则能量管理策略优化

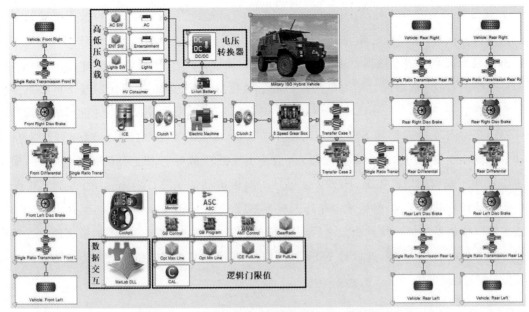

图 4-11 整车能量管理策略验证前向仿真模型

将 FSM 模型和上述前向仿真模型结合建立联合仿真模型,如图 4-12 所示,对逻辑规则能量管理策略进行仿真验证,输入信号中主要参数的门限值见表 4-4。

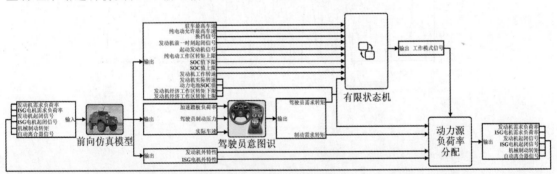

图 4-12 联合仿真模型

表 4-4 联合仿真系统主要参数逻辑门限值

参 数	数 值
驻车最高车速 $v_{p\_max}/(km \cdot h^{-1})$	0.5
纯电动允许最高车速 $v_{EV\_Limit}/(km \cdot h^{-1})$	10
发动机工作转速 $n_w/(rad \cdot min^{-1})$	700
纯电动区间转矩上限 $T_{EV\_Limit}/(N \cdot m)$	80
发动机经济工作区转矩下限 $T_{e\_eco\_low}/(N \cdot m)$	见图 4-9
发动机经济工作区转矩上限 $T_{e\_eco\_up}/(N \cdot m)$	见图 4-9
SOC 值下限 SOC_{low}	0.4
SOC 值上限 SOC_{high}	0.8
换挡信号 L_{shift}	{0,1}
发动机前一时刻起闭信号 SW_{e_Before}	{0,1}
起动发动机信号 ICEStart	{0,1}

在能量管理策略验证时,应用最普遍且科学的方法是工况法[153],车辆行驶工况反映了车辆的道路行驶状况,是在特定环境中时间和车速的关系曲线,选择循环工况合理与否决定了能否全面反映车辆的性能。选取《GBT 27840—2011 重型商用车辆燃料消耗量测量方法》和《GBT 19754—2015 重型混合动力电动汽车能量消耗量试验方法》中规定的基于世界重型商用车辆瞬态循环(World Transient Vehicle Cycle,WTVC)调整加速度和减速度形成的驾驶循环(C-WTVC)作为仿真循环工况,该标准适用于3.5 t以上的重型混合动力车辆;另外,ISG混合动力车辆性能指标应满足未来战场需求,但是由于缺少战时行驶工况的相关性资料,采用FTP75循环工况模拟城市工况,Highway循环工况模拟高速工况,Artemis_Road循环工况来模拟作战地域行驶工况,最终构建的循环工况为FTP75＋Highway＋Artemis_Road(FHA),以该工况模拟越野车辆在接到命令之后从城市出发,途经高速公路,最终到达指定地域遂行作战任务时的工况。综上所述,选取C-WTVC和FHA两个循环工况对逻辑规则能量管理策略进行验证,循环工况如图4－13所示。

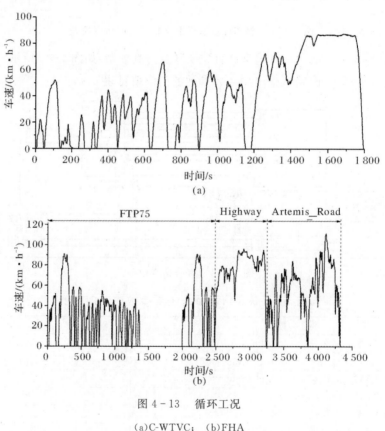

图4－13 循环工况

(a)C-WTVC; (b)FHA

将上述参数取值和循环工况带到联合仿真模型,得到两种循环工况车速跟随曲线,如图4－14所示。从图中可以看出,期望车速曲线与实际车速曲线基本重合,说明在当前工况下车辆具有较好的车速跟随性,车速波动较小。结果表明,联合仿真模型对实际车速的控制满足了设计要求,保证了车辆具有较好的平顺性和稳定性。

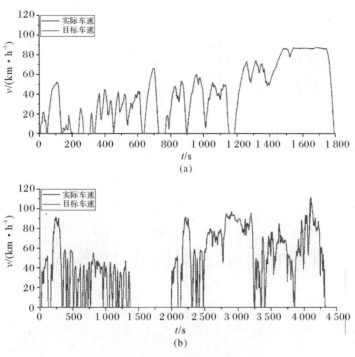

图 4-14 循环工况车速跟随曲线

(a)C-WTVC; (b)FHA

根据模式判别参数制定FSM的状态转移条件，从而获得整个循环工况下车辆的实时工作模式，如图4-15所示；根据动力源负荷率分配方法得到发动机和ISG电机需求转矩，如图4-16和图4-17所示。从图4-15～图4-17中可以得出以下结论。

(1) 在整个循环工况内，控制策略会根据整车需求转矩实时调整发动机和ISG电机的输出转矩，电机在电动模式和发电模式之间不断切换。

(2) 车辆在行驶过程中，由于挡位变换和驾驶员操作导致模式判别参数产生瞬间改变，所以产生了工作模式突变的现象，但突变时间均较短，说明系统可以根据能量管理策略对工作模型进行较快的调整。

(3) 在车辆起步加速或低速行驶时，发动机停机，车辆工作在纯电动模式，由ISG电机单独驱动，充分利用电机低速大转矩的特性，避免发动机在怠速或低速时工作所带来的较差经济性和排放性。

(4) C-WTVC工况下车辆的工作模式主要分布在模式6、模式3、模式4等，分别对应行车发电、纯电动、制动回馈等模式；FHA工况下车辆的工作模式主要分布在模式6、模式3、模式7等，分别对应行车发电、纯电动、ISG电机助力等模式。由此可见，电机在两种工况下均得到了充分利用，分担了发动机的一部分能量以调节发动机工作点。

(5) 制动模式下，发动机输出转矩为0，ISG电机输出转矩为负值，电机处于发电模式进行制动能量回收，通过分离自动离合器消除发动机倒拖阻力以提高能量回收效率，起到了节能的效果。

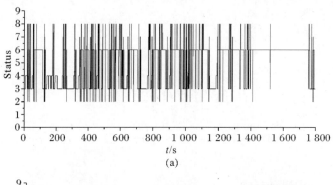
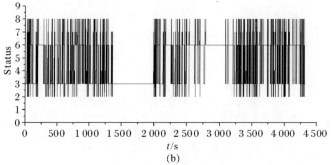

图 4-15 实时工作模式

(a)C-WTVC; (b)FHA

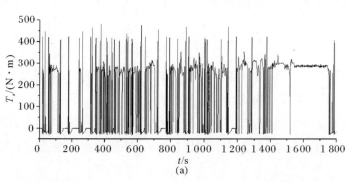
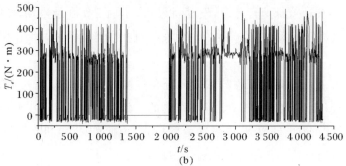

图 4-16 发动机需求转矩

(a)C-WTVC; (b)FHA

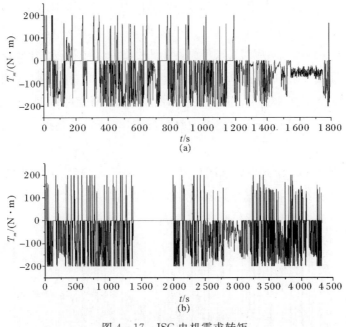

图 4-17 ISG 电机需求转矩
(a)C-WTVC；(b)FHA

整个循环工况过程中动力电池 SOC 的变化情况如图 4-18 所示。从图中可以看出,由于初始 SOC 较低,ISG 电机多工作在发电模式为动力电池充电,SOC 值逐渐增大,并保持在充放电门限值合理范围内,充电过程稳定,这样可以满足车辆纯电动、起动发动机以及 ISG 电机助力等电机电动工作模式需求。

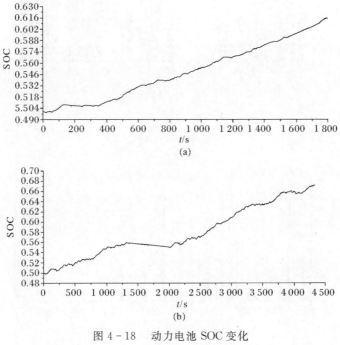

图 4-18 动力电池 SOC 变化
(a)C-WTVC；(b)FHA

在两个循环工况下,加速踏板负荷率、驾驶员制动压力、发动机起闭信号以及换挡信号等模式判别参数的变化情况如图 4-19～图 4-22 所示。从图 4-19～图 4-22 中可以得出以下结论。

(1) 车辆各时刻工作模式对应的模式判别参数满足表 4-3 中相应工作模式之间的转换条件。

(2) 在两个循环工况下,加速踏板负荷率和驾驶员制动压力随着整车需求转矩的变化在进行不断调整,分别代表了驾驶员的加速意图和制动意图,两个曲线变化合理,表明驾驶员意图识别模块可以准确模拟实际行车过程中的驾驶员操作,控制策略可以较好地满足驾驶员的驾驶意图。

(3) 发动机根据各工作模式下的起闭信号进行合理开关,避免了发动机频繁起停,同时车辆按照 AMT 换挡规律进行换挡操作,符合控制策略设计原则。

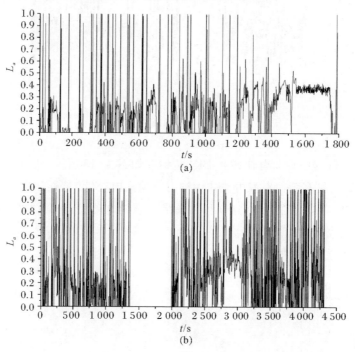

图 4-19 加速踏板负荷率
(a) C-WTVC; (b) FHA

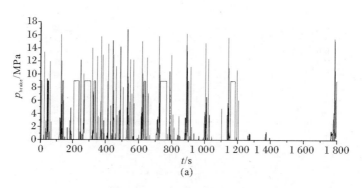

图 4-20 驾驶员制动压力

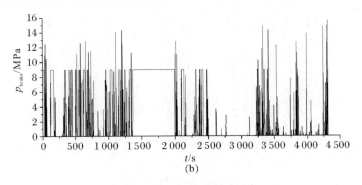

续图 4-20 驾驶员制动压力

(a)C-WTVC；(b)FHA

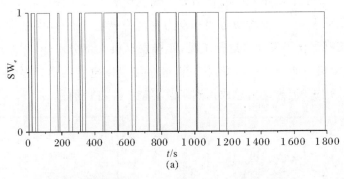

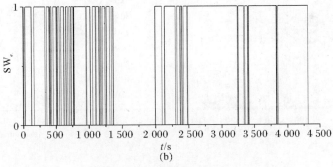

图 4-21 发动机起闭信号

(a)C-WTVC；(b)FHA

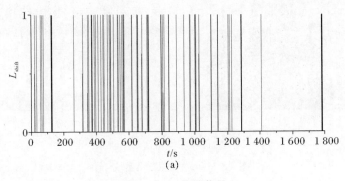

图 4-22 换挡信号

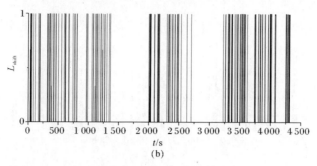

续图 4-22 换挡信号

(a)C-WTVC；(b)FHA

在循环工况下，原型车辆和 ISG 混合动力车辆发动机工作点分布情况如图 4-23 所示；经济性仿真结果对比见表 4-5，其中负号表示动力电池为充电状态。结果表明，本书所设计的逻辑规则能量管理策略优化了发动机运行工况，使得发动机大部分工作点均分布在经济工作区内，两种工况下发动机燃油经济性均得到改善，盈余能量以电能的形式存储在动力电池中，起到了节能的效果，即 ISG 混合动力总成达到了改善整车经济性的目的。

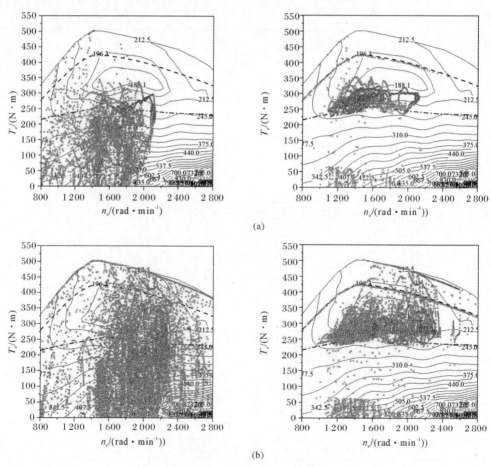

图 4-23 发动机工作点分布

(a)C-WTVC；(b)FHA

表 4-5 整车循环工况经济性仿真结果对比

参　　数	循环工况	原型车辆	ISG 混合动力车辆	节油率
百公里油耗/L	C-WTVC	18.88	18.65	1.22%
	FHA	19.99	19.56	2.15%
百公里电耗/kW·h	C-WTVC	—	−17.25	—
	FHA	—	−10.67	—

综上所述,基于 FSM 理论构建的工作模式状态转移模型,可将车辆复杂的行驶过程分解为有限个工作模式,并根据模式判别参数和条件进行工作模式识别和转换。同时,动力源负荷率的合理分配实现了对发动机运行工况的优化,在循环工况内保证了发动机工作在高效区域,并且系统可以快速跟踪国标工况与模拟越野工况中的整车实际功率需要,具有良好的动态响应特性,从而验证了本书提出的逻辑规则能量分配方法的正确性和有效性。

4.3　基于 SOC 惩罚函数的能量管理策略优化方法

逻辑规则能量管理策略算法简单,较容易实现工程应用,但并没有实现对混合动力车辆的实时优化控制,且动力电池 SOC 值波动较大,整车经济性仍具有提升空间。因此,本书在逻辑规则能量管理策略基础上引入等效能量最小策略(Equivalent Energy Minimization Strategy, EEMS)对 ISG 混合动力系统进行优化控制,从而有效维持动力电池 SOC 值并进一步改善整车的经济性。

4.3.1　Pontryagin 最优控制理论

EEMS 是一种混合动力系统能量管理半解析算法[154],它是在 Pontryagin 最优控制理论基础上得到的,因此 Pontryagin 最优控制理论对 EEMS 的控制效果起到至关重要的作用。

最优控制理论是指对被控系统施加某种控制作用从而使得系统的某个性能指标达到最优状态,其中以经典变分学方法最具代表性,但经典变分学理论对边界处取极值或受到各种约束条件制约的控制变量是无法求得其最优解集的,这就要求研究人员不断探索求解最优控制问题的新方法。1956 年到 1958 年间,苏联学者 Pontryagin 等所创立的 Pontryagin 最优控制理论解决了此类控制问题,使得最优控制理论得到了发展。

根据 Pontryagin 最优控制理论,系统的状态方程为

$$\dot{X}(t) = f(X, U, t) \tag{4-15}$$

式中,X 为状态变量,$X(t) \in R^n$;U 为控制变量,$U(t) \in R^m$;t 为时间变量,$t_0 \leqslant t \leqslant t_f$;$f(\cdot)$ 为关于 X 和 U 的连续可微函数。

如果可以将状态轨迹从状态初始 $x(t_0)$ 转移到状态终端 $x(t_f)$，则初始条件、控制变量容许集、终端条件分别满足

$$X(t_0) = X_0 \qquad (4-16)$$

$$U \in \Omega \qquad (4-17)$$

$$G[X(t_f), t_f] = 0 \qquad (4-18)$$

式中，G 为终端时刻与状态的关系且因问题而异。

成本函数是能量管理策略的核心，如何通过控制算法使系统综合性能达到最优是 Pontryagin 最优控制理论的关键。因此，需要建立系统的性能指标函数，有

$$J = \Phi[X(t_f), t_f] + \int_{t_0}^{t_f} L(X, U, t) \mathrm{d}t \qquad (4-19)$$

式中，$L(X,U,t)$ 为成本函数。

求解最优控制问题的核心是选择最优控制变量 $U^*(t)$，使得性能指标函数 J 达到最小，为避免经典变分理论的缺陷，考虑边界条件和控制变量容许集，Pontryagin 最优控制理论引入拉格朗日乘子 λ，即

$$\lambda^{\mathrm{T}}(t) = [\lambda_1(t) \; \lambda_2(t) \; \cdots \; \lambda_n(t)] \qquad (4-20)$$

式中，$\lambda(t)$ 为系统的协同变量；n 为协变量维数。

协同变量满足微分方程为

$$\frac{\mathrm{d}\lambda_i(t)}{\mathrm{d}t} = -\sum_{i=1}^{n} \frac{\partial f_i(X,U,t)}{\partial X_i} \lambda_i(t) - \frac{\partial L(X,U,t)}{\partial X_i} \qquad (4-21)$$

系统状态方程改写为

$$f(X,U,t) - \dot{X}(t) = 0 \qquad (4-22)$$

根据式(4-19)和式(4-22)得到性能指标函数的增广泛函为

$$J_a = \Phi[X(t_f), t_f] + \int_{t_0}^{t_f} \{L(X,U,t) + \lambda^{\mathrm{T}}(t)[f(X,U,t) - \dot{X}(t)]\} \mathrm{d}t \qquad (4-23)$$

最终得到标量 Hamilton 函数为

$$H(X,U,\lambda,t) = L(X,U,t) + \lambda^{\mathrm{T}}(t) f(X,U,t) \qquad (4-24)$$

将 Hamilton 函数分别对状态变量 X 和协同变量 λ 求偏微分得到系统的正则方程，则有

$$\left. \begin{array}{l} \dot{X} = \dfrac{\partial H(X,U,\lambda,t)}{\partial \lambda} \\[2mm] \dot{\lambda} = -\dfrac{\partial H(X,U,\lambda,t)}{\partial X} \end{array} \right\} \qquad (4-25)$$

假设 $f(X,U,t)$ 和 $H(X,U,\lambda,t)$ 及其偏导数关于自变量是连续可控的，则系统的正则方程式(4-25)即求解系统最优控制问题的必要条件。求解有约束泛函 J 极小值问题转化为求解无约束泛函 J_a 极小值问题，也可以看成控制变量 U 在有界范围 Ω 内 Hamilton 函数 H 的极小值问题，即

$$\left. \begin{array}{l} H(X^*, U^*, \lambda^*, t) \leqslant H_{U \in \Omega}(X^*, U, \lambda^*, t) \\[2mm] \min_{U \in \Omega} H(X^*, U, \lambda^*, t) = H(X^*, U^*, \lambda^*, t) \end{array} \right\} \qquad (4-26)$$

式中,X^* 为状态变量最优轨迹;λ^* 为协同变量最优轨迹;U^* 为最优控制决策。

综上所述,Pontryagin 最优控制理论可简单叙述为,当状态变量 X、控制变量 U、协同变量 λ 满足正则方程式(4-25)和式(4-16)~式(4-18)的边界条件时,任意时刻下最优问题的 Hamilton 函数在控制变量 U^* 的控制下都取得极小值,则所有控制变量 U^* 组成的集合即为系统在满足约束条件下的最优解集合。Pontryagin 最优控制理论将最优控制和控制域内的所有值进行了比较,使得最优控制在整个控制域内成为绝对的极小值,因此该理论成为解决最优控制问题的有效方法。

4.3.2 基于 SOC 反馈的 EEMS

EEMS 算法是基于瞬时优化的能量管理策略,其主要思路是将电机当前消耗的电能转化为发动机的燃油消耗,即电机的等效能量消耗,转化过程是通过等效能量转换系数即等效因子完成的,然后以发动机的能量消耗和电机的等效能量消耗之和作为整车总的等效能量消耗,最后以 Pontryagin 最优控制理论求解控制域内的最优解[155,156]。

车辆在单位时间内总的等效能量消耗为

$$E_{eq} = E_e + E_m \tag{4-27}$$

式中,E_e 为发动机单位时间内的实际能量消耗,单位为 kJ/s;E_m 为 ISG 电机单位时间内的等效能量消耗,单位为 kJ/s。其中,发动机单位时间内实际消耗能量可通过发动机数值模型得到,即

$$E_e = \frac{B_e(n_e, T_e)}{3.6 \times 10^6} K \tag{4-28}$$

式中,$B_e(n_e, T_e)$ 为发动机整机燃油消耗率,单位为 g/h;K 为柴油质量热值常数,$K = 44\,000$ kJ/kg。

ISG 电机单位时间内的等效能量消耗为

$$E_m = sF_{dis}\frac{T_m n_m}{9\,550\,\eta_m \eta_{b\_dis} \eta_i} + (1-s)F_{chg}\frac{T_m n_m}{9\,550}\eta_m \eta_{b\_chg}\eta_i \tag{4-29}$$

式中,F_{dis} 为放电等效因子;F_{chg} 为充电等效因子;η_{b_dis} 为动力电池放电效率;η_{b_chg} 为动力电池充电效率;η_i 为 ISG 电机逆变器效率;s 可用符号函数表示,$s = 0.5[1 + \text{sign}(P_m)]$,$s = 1$ 表示放电,$s = 0$ 表示充电。

由于基于动力电池 SOC 平衡的混合动力系统需要具有电量维持能力,而传统的 EEMS 算法无法有效地维持动力电池 SOC 值。因此,为了限制 SOC 波动,本书引入惩罚函数提出带 SOC 惩罚函数的等效能量最小策略(Equivalent Energy Minimization Strategy with Penalty Function,PF-EEMS)。

采用 3 次函数和 4 次函数曲线拟合的方法构造惩罚函数,通过修改相应的拟合系数调整惩罚函数曲线的形状,则 SOC 惩罚函数的表达式为

$$\left.\begin{array}{l} f(\Delta \text{SOC}) = a\Delta \text{SOC}^4 + b\Delta \text{SOC}^3 + c \\ \Delta \text{SOC} = \text{SOC} + \alpha(\text{SOC}_{high} + \text{SOC}_{low}) \end{array}\right\} \tag{4-30}$$

式中，ΔSOC 为动力电池 SOC 变化量；$f(\Delta SOC)$ 为动力电池 SOC 惩罚函数；a,b,c 为拟合系数；α 为比例系数。

PF-EEMS 算法对应的 ISG 电机单位时间内的等效能量消耗为

$$E'_m = sf(\Delta SOC)F_{dis}\frac{T_m n_m}{9\,550\eta_m \eta_{b\_dis}\eta_i} + (1-s)f(\Delta SOC)F_{chg}\frac{T_m n_m}{9\,550\eta_m \eta_{b\_chg}\eta_i} \quad (4-31)$$

因此，基于 SOC 反馈的总等效能量消耗为

$$E_{eq} = E_e + E'_m \quad (4-32)$$

PF-EEMS 的优化目标和约束条件分别为

$$J_{min} = \min(E_e + E'_m) \quad (4-33)$$

$$\left.\begin{array}{l} T_{req} = T_e + T_m \\ T_{e\_min} \leqslant T_e \leqslant T_{e\_max} \\ T_{m\_min} \leqslant T_m \leqslant T_{m\_max} \\ n_{e\_min} \leqslant n_e \leqslant n_{e\_max} \\ SOC_{low} \leqslant SOC \leqslant SOC_{high} \end{array}\right\} \quad (4-34)$$

式中，T_{e_max}，T_{e_min} 分别为发动机转矩上、下限，单位为 N·m；T_{m_max}，T_{m_min} 分别为 ISG 电机转矩上、下限，单位为 N·m；n_{e_max}，n_{e_min} 分别为发动机转速上、下限，单位为 rad/min。

对于目标函数(4-33)的求解，可以看作是 Pontryagin 最优控制理论的一种应用形式，因此，以放电状态为例构建 Hamilton 函数为

$$H(SOC, U, \lambda, t) = \frac{B_e(n_e, T_e)}{3.6 \times 10^6} K - \lambda^T(t) \frac{1}{\eta_{b\_dis}\eta_i}\dot{SOC}(t) \quad (4-35)$$

正则方程为

$$\dot{\lambda}(t) = -\frac{\partial H(SOC, U, \lambda, t)}{\partial SOC} = \lambda^T(t)\frac{1}{\eta_{b\_dis}\eta_i}\frac{\partial \dot{SOC}(t)}{\partial SOC} \quad (4-36)$$

假设动力电池电流变化率为 0，则求解正则方程可得

$$\lambda(t) = \lambda(t_0) = \lambda_0 \quad (4-37)$$

系统的状态方程为

$$\dot{X}(t) = \dot{SOC}(t) = f(SOC, U, t) \quad (4-38)$$

初始条件和终端条件分别满足

$$SOC(t_0) = SOC_0 \quad (4-39)$$

$$G[SOC(t_f), t_f] = 0 \quad (4-40)$$

系统达到的极小值为

$$\min_{U \in \Omega} H(SOC^*, U, \lambda^*, t) = H(SOC^*, U^*, \lambda^*, t) \quad (4-41)$$

式中，U^* 为最优控制变量，$U^* = \arg\min_{U \in \Omega} H(SOC, U, \lambda, t)$。

动力电池的放电功率为

$$P_{b\_dis} = \frac{I_{b\_dis}U_{b\_dis}}{1\,000} = \frac{T_m n_m}{9\,550\eta_m \eta_{b\_dis}} \quad (4-42)$$

式中，I_{b_dis} 为动力电池放电电流，单位为 A；U_{b_dis} 动力电池放电电压，单位为 V。

在放电过程中动力电池 SOC 的变化率为

$$\dot{SOC}(t) = -\eta_{b\_dis} \frac{I_{b\_dis}}{Q_b} \tag{4-43}$$

联立式(4-35)、式(4-42)和式(4-43)，Hamilton 函数可改写为

$$H(SOC, U, \lambda, t) = \frac{B_e(n_e, T_e)}{3.6 \times 10^6} K + \lambda_0 \frac{1\,000 T_m n_m}{9\,550 \eta_m \eta_{b\_dis} \eta_i U_{b\_dis} Q_b} \tag{4-44}$$

放电状态下系统的性能指标函数为

$$J = \int_{t_0}^{t_f} \left[\frac{B_e(n_e, T_e)}{3.6 \times 10^6} K + f(\Delta SOC) F_{dis} \frac{T_m n_m}{9\,550 \eta_m \eta_{b\_dis} \eta_i} \right] dt \tag{4-45}$$

根据 Pontryagin 最优控制理论中 Hamilton 函数的求解过程得到等效因子可以表示为协同变量的函数，即

$$f(\Delta SOC) F_{dis} = \frac{1\,000 \lambda_0}{U_{b\_dis} Q_b} \tag{4-46}$$

在目标函数的约束条件范围内，根据每个时间步长内的整车需求转矩，计算满足转矩平衡方程的所有发动机和 ISG 电机的转矩工作点，结合两个动力源的效率 Map 图插值计算相应的能量消耗，求得 Hamilton 函数取得极小值时所对应的动力源工作点，即为满足当前需求转矩的最优输出。PF-EEMS 算法的流程如图 4-24 所示。

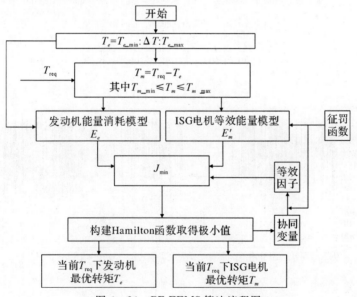

图 4-24 PF-EEMS 算法流程图

4.3.3 优化方法验证与分析

根据 PF-EEMS 算法的原理可知，等效因子反映了当前时刻动力电池电耗量与未来某一时刻发动机燃油能耗之间的转换关系，而当行驶工况未知时，未来能耗就无法确定，也就是等

— 111 —

效因子无法确定。同时,等效因子的大小影响动力电池 SOC 的变化轨迹,因此,充放电等效因子与行驶工况和动力电池 SOC 密切相关,其取值大小直接影响能量管理策略的控制效果,即实现系统实时等效能量最小的关键是充放电等效因子的确定。

为了便于与逻辑规则能量管理策略的控制效果进行对比,选取图 4-13(b)所示的模拟越野工况 FHA 对 PF-EEMS 算法的优化效果进行仿真验证。由于 PF-EEMS 算法未考虑工况对充放电等效因子的影响,因此,发动机和 ISG 电机能量消耗按照 1∶1 的比例等效,即选取模拟越野工况 FHA 下的等效充放电因子分别为 $F_{chg}=1.0$、$F_{dis}=1.0$,相应的循环工况经济性与优化前的逻辑规则能量管理策略对比见表 4-6,需求转矩的分配对比如图 4-25 所示。

表 4-6 优化前后循环工况经济性对比

参　数	优化前	优化后	性能对比
百公里油耗 /L	19.56	19.22	↓1.74%
百公里电耗 /(kW·h)	−10.67	−8.66	↓18.84%

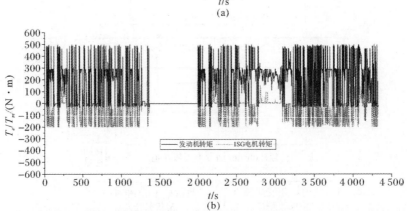

图 4-25 优化前后的需求转矩分配

(a) 优化前发动机和 ISG 电机转矩分配; (b) 优化后发动机和 ISG 电机转矩分配

从表 4-6 中可以看出,百公里油耗降低了 1.74%,百公里电耗降低了 18.84%,降低的这部分电耗为车载武器装备提供了更持久的电力保障,与逻辑规则能量管理策略相比,引入 PF-EEMS 算法后经济性得到了改善。从图 4-25 可以看出,优化后的能量管理策略使得混合动力车辆能够更好地协调动力源之间的转矩分配,发动机和 ISG 电机的转矩连续性更好,发动机运行更加平稳,ISG电机电动模式增多,从而对动力电池SOC起到调节作用。

图4-26为优化前后的动力电池SOC变化曲线,本书从统计学角度对曲线波动率进行定量分析。SOC变化曲线的波动率在统计学意义上可以用数据的方差或标准差来表示。当数据分布越分散时,各个数据与平均值差的平方和就越大,方差也就较大;当数据分布越集中时,各个数据与平均值差的平方和就越小,方差也就较小。即方差越大,曲线波动越大;方差越小,曲线波动越小。求解得到图4-26中两条曲线的波动率见表4-7。

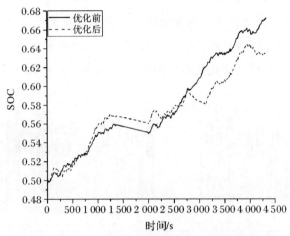

图4-26 优化前后动力电池SOC变化曲线

表4-7 动力电池SOC变化曲线波动率

参 数	优化前	优化后	性能对比
SOC波动率	0.24%	0.14%	↓41.67%

从图4-26和表4-7可以看出,优化后的能量管理策略使得整个循环工况下的动力电池SOC波动率明显下降,有效地维持了SOC值。因此,PF-EEMS算法对动力电池SOC起到了调节作用。

综上所述,基于SOC惩罚函数的优化方法实现了对逻辑规则能量管理策略的优化,在模拟越野工况下可以对ISG混合动力系统进行实时优化控制,经济性改善的同时降低了动力电池SOC值波动,从而验证了本书提出的PF-EEMS算法优化方法的正确性和有效性。

4.4 整车发电指标评价

由于目前没有专门用于评价集成式车载发电系统发电指标的军用标准,所以本书拟参考《GJB 674A—1999 军用直流移动电站通用规范》中规定的电气指标对用于移动供电的ISG混合动力车辆发电指标进行评价。

规范中定义了移动电站的稳压精度和稳流精度两个电气指标,分别表示负载不变时电压和电流的变化限度,要求其限值分别为3%和5%。从下面两个式子可以看出,二者数值越小,稳压和稳流的效果越好。

$$\delta U = \frac{U_{\max} - U_{\min}}{U_{\max} + U_{\min}} \times 100\% \quad (4-47)$$

$$\delta I = \frac{I_{\max} - I_{\min}}{I_{\max} + I_{\min}} \times 100\% \quad (4-48)$$

式中,δU、δI 分别为稳压精度、稳流精度；$U_{\max}$、$U_{\min}$、$I_{\max}$、$I_{\min}$ 分别为负载不变时电压、电流的最大值和最小值,单位分别为 V 和 A。

现以模拟越野循环工况下高压负载端电压和电流的变化为例对整车发电品质进行评价。图 4-27(a)(b) 分别为能量管理策略优化前后高压负载端电压和电流的变化对比曲线,根据式 (4-47) 和式 (4-48) 计算得到优化前后的稳压、稳流精度,见表 4-8。

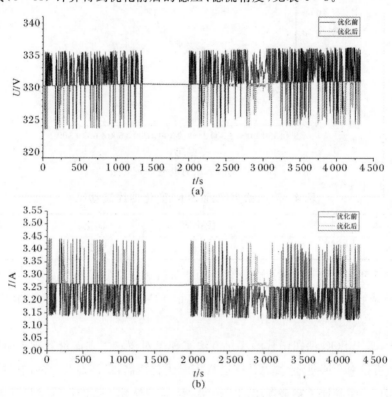

图 4-27 优化前后电压和电流变化曲线

(a) 优化前后电压变化; (b) 优化前后电流变化

表 4-8 电气指标对比

指标	优化前	优化后
δU	1.92%	1.75%
δI	4.88%	4.82%

从图 4-27 和表 4-8 中可以看出,优化前后电压和电流均在小范围内波动,稳压精度和稳流精度满足规范中规定的限值要求,且优化后的电压和电流的变化限度均有所降低。结果表

明,与优化前相比,优化后的稳压和稳流效果更好。

4.5 小 结

本章提出了一种基于 SOC 惩罚函数的瞬时优化方法优化了逻辑规则能量管理策略,具体内容如下。

(1) 基于满足行驶工况和驾驶员意图、发挥 ISG 电机性能优势以及合理分配动力源能量的原则设计了逻辑规则能量管理策略,该策略是根据驾驶员指令得到系统需求转矩,整车控制器通过控制总线对动力总成各部件进行协调控制,从而决定整个系统的能量流,再由车速、载荷、动力电池 SOC 确定动力源的工作状态。

(2) 基于 FSM 理论构建了工作模式状态转移模型,模型涵盖了混合动力车辆的所有工作模式,并根据模式判别参数和条件进行工作模式识别和转换。同时,提出的动力源负荷率分配方法较好地协调了发动机和 ISG 电机之间的转矩分配,实现了对发动机运行工况的优化,在循环工况内保证了发动机工作在高效区域,并且系统可以快速跟踪整车实际功率需要,具有良好的动态响应特性。与原型车辆相比,ISG 混合动力车辆的发动机燃油经济性得到了改善,盈余能量以电能的形式存储在动力电池中,起到了节能的效果。

(3) 考虑到基于动力电池 SOC 平衡的混合动力系统需要具有电量维持能力,将 SOC 惩罚函数引入到传统的 EEMS 算法中,本书提出了 PF-EEMS 算法的优化方法,对逻辑规则能量管理策略进行了优化研究。结果表明,PF-EEMS 算法在模拟越野工况下可以实现对 ISG 混合动力车辆的实时优化控制,经济性得到一定改善的同时降低了 41.67% 的动力电池 SOC 波动率,从而验证了本书提出的 PF-EEMS 算法优化方法的正确性和有效性。

(4) 参考国家标准中规定的移动电站稳压精度和稳流精度两个电气指标对用于移动供电的 ISG 混合动力车辆发电指标进行评价,优化前后的稳压精度分别为 1.92%,1.75%,稳流精度分别为 4.88%,4.82%。结果表明,两个电气指标均满足规范中规定的限值要求,且优化后的电压和电流的变化限度均有所降低,优化后的稳压和稳流效果更好。

第 5 章 基于工况识别的自适应 PF-EEMS 算法

第 4 章提出的 PF-EEMS 算法在改善经济性和降低动力电池 SOC 波动方面具有巨大潜力,但算法中的充放电等效因子对行驶工况的依赖性很强,由于车辆实际行驶工况具有随机性和不确定性,对混合动力车辆能量管理策略会产生一定影响,若在应用 PF-EEMS 算法时仅仅依赖单一工况下的充放电等效因子对动力源进行能量分配,将无法有效维持动力电池 SOC 值,会导致动力电池性能与寿命降低。因此,有必要引入工况识别算法对行驶工况进行类别划分,根据工况类型调整合适的等效因子进而对整车进行实时优化控制,从而提高 PF-EEMS 算法的工况适应性。近年来,研究人员开发了大量的工况识别算法,但大多数算法运算量大,受限于实车控制器的运算速度,导致这些算法无法直接应用于实车的能量管理策略中。因此,有必要通过特征参数的优化使得工况识别算法运算简单、识别度高,从而将基于工况识别的自适应 PF-EEMS 算法较好地应用到实车中。

鉴于此,本章首先综合考虑行驶工况特征参数之间的相关性、各参数与油耗之间的相关性,优化了行驶工况特征参数;然后从相似性的角度出发提出基于 K-means 聚类的工况识别算法,对典型随机工况进行划分与探讨;再应用 PF-EEMS 算法得到不同典型随机工况下的最优充放电等效因子;最后将基于 K-means 聚类的工况识别算法与 PF-EEMS 算法相结合,提出基于工况识别的自适应 PF-EEMS 能量管理策略,并对其进行仿真分析。

5.1 行驶工况特征参数优化

工况识别是以提取行驶工况典型特征参数为理论基础的,目前用于描述道路特征的参数有很多,它们之间相互影响并能够直接或间接影响混合动力车辆电耗与油耗之间的等效关系。在对行驶工况进行识别时,可以提取很多特征参数,文献[157]将 62 个描述道路特征的参数分为 16 组,然后根据各个参数对工况的影响程度从中筛选出影响较大的 9 组;文献[158]对上述特征参数做进一步简化,提取出 40 个典型特征参数,但有 7 个自定义特征参数;而文献[159]对提取特征参数的数量又做了简化,但仍然有 14 个特征参数用于工况识别。提取过多特征参数并加以分析显然会增大计算量,从而导致在行驶过程中混合动力车辆在线提取所有参数进行分析的可能性不大,同时某些参数对工况的影响并不明显,最终无法保证工况识别的实时性。因此,应该对行驶工况特征参数进行优化以选取对工况影响较大的特征参数进行工况识别研究,这样不但有利于减少运算时间,同时也可以提高工况识别算法最终结果的准确性[160-161]。本书从 AVL/Cruise 软件中选取 22 个具有代表性的行驶工况,见表 5-1。

表 5-1　代表性行驶工况

序号	工况	序号	工况
1	EUDC_aut	12	Artemis_Motorway_130
2	Ftp72	13	Artemis_Motorway_150
3	Ftp75	14	Artemis_Road
4	Highway	15	Artemis_Urban
5	NEDC_aut	16	Ja1015_aut
6	NEDC_man_90	17	Japan_08
7	UDC_aut	18	Japan_URBAN_and_HIGHWAY
8	IDC	19	Japan_URBAN
9	Modified_IDC	20	Japan_HIGHWAY
10	US_SC03	21	Japan_MIDTOWN
11	US_US06	22	WLTC_Class_3

当前,在工况识别的研究中,常用的行驶工况特征参数包括加速时间 t_a(s)、减速时间 t_p(s)、怠速时间 t_{idel}(s)、最大车速 v_{max}(km/h)、平均车速 $\bar{v}$(km/h)、车速标准差 $\sigma(v)$(km/h)、最大加速度 a_{a_max}(m/s²)、平均加速度 $\bar{a}_a$(m/s²)、最大减速度 a_{p_max}(m/s²)、平均减速度 $\bar{a}_p$(m/s²)等[18,90,162-163],提取的 22 个工况相应的上述 10 个特征参数,见表 5-2。

表 5-2　行驶工况特征参数

工况	t_a	t_p	t_{idel}	v_{max}	$\bar{v}$	$\sigma(v)$	a_{a_max}	$\bar{a}_a$	a_{p_max}	$\bar{a}_p$
1	104.00	44.00	40.00	120.00	55.70	35.44	3.01	1.72	-5.00	-3.46
2	548.80	480.20	260.68	91.26	30.50	23.80	5.79	1.91	-5.35	-2.17
3	990.80	866.95	421.09	91.26	34.60	25.18	5.37	1.85	-5.36	-2.14
4	336.60	298.35	7.65	96.39	77.60	16.46	5.15	0.70	-5.30	-0.80
5	247.80	188.80	295.00	120.00	24.69	24.77	3.75	2.60	-5.00	-2.79
6	212.40	177.00	295.00	90.00	22.89	21.08	3.75	2.66	-5.00	-2.79
7	35.10	35.10	62.40	50.00	18.60	15.53	3.75	2.89	-3.34	-2.69
8	41.60	33.28	18.72	42.00	22.69	13.05	2.33	1.68	-4.65	-2.19
9	212.40	177.00	295.00	90.00	23.30	21.27	3.75	2.67	-5.00	-2.78
10	255.42	213.84	112.86	88.40	34.89	24.50	8.21	1.80	-9.83	-2.17
11	282.00	264.00	42.00	129.19	77.29	39.40	13.62	2.36	-11.11	-2.55
12	448.56	373.80	21.36	131.51	96.80	35.14	6.90	1.45	-12.11	-1.80
13	427.20	363.12	10.68	150.29	99.49	37.65	6.90	1.55	-12.11	-1.84

续 表

工况	t_a	t_p	t_{idel}	v_{max}	$\bar{v}$	$\sigma(v)$	a_{a_max}	$\bar{a}_a$	a_{p_max}	$\bar{a}_p$
14	443.62	421.98	32.46	111.49	57.39	24.57	8.50	1.79	−14.69	−1.79
15	347.55	317.76	278.04	57.69	17.59	17.04	10.30	2.65	−11.28	−2.81
16	165.00	145.20	211.20	70.00	24.79	19.25	2.86	2.55	−3.00	−2.47
17	445.48	409.36	361.20	81.59	24.29	23.05	6.02	1.50	−4.43	−1.63
18	751.50	651.30	450.90	87.71	27.41	25.73	5.73	1.13	−6.58	−1.19
16	713.70	677.10	457.50	87.71	27.28	25.62	5.73	1.13	−6.57	−1.19
20	0.00	0.00	0.00	80.00	80.00	0.00	0.00	0.00	0.00	0.00
21	237.15	244.80	290.70	53.68	13.57	15.18	5.55	1.38	−6.07	−1.34
22	756.00	738.00	234.00	131.29	46.55	36.01	6.30	1.53	−5.42	−1.57

表 5-2 中的 10 种特征参数相互影响、相互制约，因此，综合考虑各个特征参数之间的相关性以及各个参数与油耗之间的相关性，最终得到优化后的行驶工况特征参数。相关系数表达式为

$$R_{cor} = \frac{\sum_{i=1}^{n}(x_i - \bar{x})(y_i - \bar{y})}{\sqrt{\sum_{i=1}^{n}(x_i - \bar{x})^2 \sum_{i=1}^{n}(y_i - \bar{y})^2}} \quad (5-1)$$

式中，x_i、y_i 分别为两个样本的第 i 个数据；$\bar{x}$、$\bar{y}$ 分别为两个样本数据的平均值；n 为两个样本数据容量。

行驶工况各个特征参数之间的相关系数见表 5-3，各个特征参数与油耗之间的相关系数见表 5-4。根据相关系数的取值范围判断参数之间的相关性强弱，当 $0.8 < R_{cor} \leq 1$ 时，参数之间为极强相关；当 $0.6 < R_{cor} \leq 0.8$ 时，参数之间为强相关；当 $0.4 < R_{cor} \leq 0.6$ 时，参数之间为中等强度相关；当 $0.2 < R_{cor} \leq 0.4$ 时，参数之间为弱相关；当 $0 \leq R_{cor} \leq 0.2$ 时，参数之间为极弱相关或无关[18]。由于工况识别所需特征参数要能够反映出工况特点，因此所选参数与其他参数要有较高的相关性从而保证工况识别的准确性；同时考虑到油耗影响整车经济性，因此应尽量选取与油耗相关性较强的特征参数；另外，车辆在实际行驶过程中要能够实时提取行驶工况的特征参数，所以特征参数的计算方法要尽量简单。综合考虑相关性以及上述原则，最终选取急速时间 t_{idel}、平均车速 $\bar{v}$、平均加速度 $\bar{a}_a$ 作为工况识别的代表性特征参数，表达式分别为

$$\left. \begin{array}{l} t_{idel} = \Delta t_{cyc} \eta_{idel} \\ \bar{v} = \dfrac{\sum_{i=1}^{n} v_i}{n} \\ \bar{a}_a = \dfrac{\Delta v}{\Delta t_{cyc}} \end{array} \right\} \quad (5-2)$$

式中，Δt_{cyc} 为工况片段的时间长度，单位为 s；η_{idel} 为急速时间比；v_i 为工况片段内 i 时刻的车

速,单位为 km/h;Δv 为 Δt_{cyc} 时间段内速度的变化量,单位为 km/h。

表 5 - 3 特征参数之间的相关系数

R_{cor}	t_a	t_p	t_{idel}	v_{max}	$\bar{v}$	$\sigma(v)$	a_{a_max}	$\bar{a}_a$	a_{p_max}	$\bar{a}_p$
t_a	1.00	0.99	0.59	0.32	0.01	0.44	0.34	-0.19	-0.26	0.24
t_p	0.99	1.00	0.59	0.29	-0.01	0.42	0.36	-0.20	-0.25	0.28
t_{idel}	0.59	0.59	1.00	-0.22	-0.67	-0.01	-0.01	0.16	0.22	-0.02
v_{max}	0.32	0.29	-0.22	1.00	0.71	0.80	0.33	-0.11	-0.45	-0.03
$\bar{v}$	0.01	-0.01	-0.67	0.71	1.00	0.37	0.20	-0.47	-0.38	0.34
$\sigma(v)$	0.44	0.42	-0.01	0.80	0.37	1.00	0.56	0.20	-0.56	-0.35
a_{a_max}	0.34	0.36	-0.01	0.33	0.20	0.56	1.00	0.22	-0.80	-0.15
$\bar{a}_a$	-0.19	-0.20	0.16	-0.11	-0.47	0.20	0.22	1.00	-0.14	-0.89
a_{p_max}	-0.26	-0.25	0.22	-0.45	-0.38	-0.56	-0.80	-0.14	1.00	0.14
$\bar{a}_p$	0.24	0.28	-0.02	-0.03	0.34	-0.35	-0.15	-0.89	0.14	1.00

表 5 - 4 特征参数与油耗之间的相关系数

R_{cor}	t_a	t_p	t_{idel}	v_{max}	$\bar{v}$	$\sigma(v)$	a_{a_max}	$\bar{a}_a$	a_{p_max}	$\bar{a}_p$
油耗	0.01	-0.01	-0.30	0.66	0.71	-0.20	-0.03	0.03	0.06	0.02

5.2 基于 K-means 聚类的工况识别算法

5.2.1 聚类分析方法研究

在多元统计学方法中,研究"物以类聚"的多变量统计技术称为聚类分析方法,也叫群分析法或点群分析法,它是一种将所研究的事物或样品按照一定规律或要求进行分类的数学方法。其基本思想是针对一些具有不同程度相似性的样本或指标,根据这些样本的观测指标,具体找到一些能够代表衡量样本之间相似程度的统计量或特征参数,以这些统计量或特征参数为分类依据对样本进行亲疏关系的划分,即相似程度大的归为一类、相似程度小的归为一类,这在一定程度上客观地、合理地对样本进行了分型划类[90,163]。因此,聚类分析方法的数学描述如下:

待聚类样本空间可表示为

$$X = \{x_1, x_2, \cdots, x_n\} \tag{5-3}$$

式中,n 为样本数量。

每个样本的观测指标为

$$Y = \{y_1, y_2, \cdots, y_m\} \quad (5-4)$$

式中，m 为观测指标数量。

样本空间 X 的聚类即是 X 的一个分类，满足

$$\left. \begin{array}{l} \bigcup_{i=1}^{k} C_i = X \\ C_i \cap C_j = \varnothing \end{array} \right\} \quad (1 < i \neq j \leqslant k) \quad (5-5)$$

式中，k 为分类数；C_i、C_j 分别为样本空间的第 i 类、第 j 类样本。

当分类数 k 为定值时，聚类分析为静态聚类，即事先要确定聚类的分类数量；当分类数 k 为变量时，聚类分析为动态聚类，即事先不确定聚类的分类数量。从式(5-5)可以看出，聚类就是根据能够代表衡量样本之间相似程度的统计量或特征参数把样本空间 X 分割成不同的类 $\{C_1, C_2, \cdots, C_k\}$，同一类 C_i 中的样本相似程度尽可能大，不同类别 C_i 和 C_j 之间无交集。

通常，聚类分析方法包括两步聚类、分解法聚类、加入法聚类、有序样品聚类、有重叠聚类、系统聚类和非系统聚类等，而根据分类样本的不同又可以分为快速样本聚类(Quick Cluster)和分层聚类(Hierarchical Cluster)，也分别称为 Q 型聚类和 R 型聚类。具体地，Q 型聚类就是根据被观测样本的特征对样本进行分类处理，聚类分析图谱可以很清楚地反映出样本间的亲疏关系，相比于传统的聚类分析方法，Q 型聚类能够得到更为直观、全面、准确、合理的聚类结果；而 R 型聚类就是对样本的观测指标或特征参数进行分类处理，这种聚类方法得到的结果不仅可以反映出指标间的亲疏关系，还可以对主要指标变量进行回归分析。

行驶工况识别算法除了可以采用上述传统聚类分析方法外，还有模糊聚类、神经网络聚类、支持向量机聚类、遗传聚类以及 K-means 聚类等聚类分析方法。然而模糊聚类过于依赖规则制定者的主观性或工程经验，得到的工况识别结果存在较大误差；神经网络聚类和支持向量机聚类存在训练速度慢、训练样本量大、学习灵敏度高等问题，工况识别结果容易陷入局部极值；遗传聚类计算量大，程序对控制器的运算速度要求较高，不利于在线识别控制。综上所述，本书采用 K-means 聚类分析方法，它属于非层次聚类方法的一种，具有聚类收敛快、节省运算时间等优点。其原理为，首先确定样本归类数量与初始聚类中心，然后采用计算距离的方式，通过各个样本与聚类中心的远近判断样本所属类别，距离近的归为一类，不断通过计算样本与聚类中心的距离进行分类调整，直至同类别 C_i 中样本的相似程度最高，且不同类别 C_i 与 C_j 之间相似程度最低，分类迭代过程结束。K-means 聚类分析的具体过程如下。

(1) 确定分类数为 k，从样本数量为 n 的样本集合中选取 k 个样本，即初始聚类中心，即

$$(z_1, z_2, \cdots, z_k) \quad (5-6)$$

(2) 采用计算样本之间的距离的方式将任意样本 x_i 归类到与其相距最近的聚类中心。聚类分析方法中样本之间的距离是衡量样本之间相似程度的指标，常用的距离标准有 Euclidean 距离、Mahalanobis 距离、Absolute-value 距离、Minkowski 距离和 Chebyshev 距离，本书选择计算简单、准确性高、实用性强的 Euclidean 距离，即

$$d_{x_i x_j} = \| x_i - x_j \| = \sqrt{(x_{i1} - x_{j2})^2 + (x_{i1} - x_{j2})^2 + \cdots + (x_{i1} - x_{j2})^2} = \sqrt{\sum_{m=1}^{n}(x_{im} - x_{jm})^2}$$

$$i \neq j \cap i,j \in Z^+ \quad (5-7)$$

式中,x_{im} 为样本 x_i 的第 m 个变量的变量值;x_{jm} 为样本 x_j 的第 m 个变量的变量值。

(3) 应用 Euclidean 距离完成初始分类后,计算每一类所有样本的平均值,以该平均值作为新的聚类中心。

(4) 计算各个样本到新聚类中心的距离,重新分类得到新的分类结果。

(5) 重复上述迭代计算,直至满足某个终止条件才算完成分类迭代过程,从而得到最终的聚类中心[164-166],其中终止条件可以是以下 3 条之一:

1) 没有样本被重新分配给不同的聚类;
2) 聚类中心不再变化;
3) 误差平方和局部最小。

5.2.2 典型随机工况选取与聚类计算

在工况识别算法中,典型工况的选取十分重要。因为对 ISG 混合动力车辆进行在线实时优化控制时,需要将所有行驶工况归类到所选取的典型工况中,要求这些典型工况实时优化能量管理策略对所有行驶工况均适用。因此,这些典型工况覆盖的工况类型要全面,例如市区、郊区和高速等不同特性的工况[163]。

国六排放法规引入了实际行驶污染物(Real Drive Emission,RED)测试工况,用以监控车辆实际行驶过程的排放水平。传统的循环工况测试都是按照实验室条件下的固定车速跟随曲线进行的,而 RED 工况测试是在外面环境道路上,根据实际路况进行路试驾驶,其对总行程以及市区、郊区和高速各分段行程的长度和比例进行了详细规范,避免出现过度激进驾驶和过度柔和驾驶的现象。因此,本书选取基于 RED 的典型随机工况。AVL/Cruise 软件中的 Random Cycle Generator 工具可以生成符合 RED 随机工况标准的路谱数据,支持生成市区工况、郊区工况以及高速工况特性的数据,本书以这 3 类工况的数据作为聚类计算的样本集。3 种典型随机工况如图 5-1 所示。

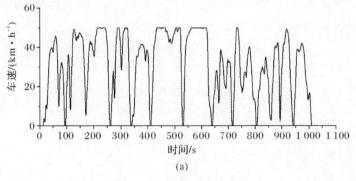

(a)

图 5-1 3 种典型随机工况

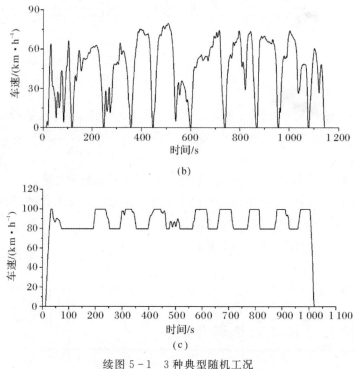

续图 5-1 3 种典型随机工况

(a) 市区工况；(b) 郊区工况；(c) 高速工况

在进行典型随机工况聚类分析时,需要进行工况片段的划分,确定提取工况片段个数与周期。工况片段反映了一段时间内车速随时间的变化关系,划分工况段时应尽量保证工况片段能够体现行驶工况的真实特征,同时为了保证工况识别的准确性,采用等周期的方式划分工况片段。工况片段周期的长短会影响特征参数与工况识别的准确性,过短的周期不能真实反映工况的特征,导致工况识别结果不准确,同时还会造成等效因子的不断变化,从而影响动力源的输出转矩;过长的周期容易造成工况识别滞后,影响实时优化能量管理策略的控制效果。

综上所述,本书在对 3 种典型随机工况的特征数据进行计算时,每一个工况随机提取 30 个工况片段,每个片段持续 100 s,计算每个 100 s 工况片段的怠速时间 t_{idel}、平均车速 $\bar{v}$、平均加速度 $\bar{a}_a$,每个工况形成 100 个特征参数值,共计得到 300 个特征参数值,然后对 300 个特征参数值进行聚类计算,最终得到三点聚类分析结果,如图 5-2 所示。其中聚类中心与各样本点的 Euclidean 距离最小,聚类中心结果见表 5-5。

表 5-5 三点聚类中心结果

特征参数	聚类中心		
	k_1	k_2	k_3
怠速时间 t_{idel}/s	4.294 8	2.632 3	1.129 1
平均车速 $\bar{v}$/(km·h^{-1})	33.158 3	49.867 6	87.791 5
平均加速度 $\bar{a}_a$/(m·s^{-2})	0.331 6	0.498 7	0.877 9

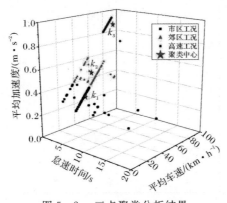

图 5-2 三点聚类分析结果

从图 5-2 可以看出,市区工况的交通状况一般,表现为平均车速低、怠速时间长;郊区工况的交通状况较好,表现为平均车速和平均加速度较高,偶尔会出现怠速的情况;高速工况的交通状况好,表现为平均车速和平均加速度高,几乎不存在怠速工况。

5.2.3 经典工况聚类验证

采用 K-means 聚类分析方法得到三个典型随机工况的聚类中心,为了验证该方法对工况识别的效果,选择 NEDC_120 经典循环工况对基于 K-means 聚类的工况识别算法进行验证,NEDC_120 循环工况如图 5-3 所示。

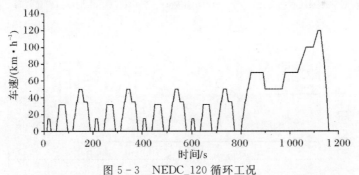

图 5-3 NEDC_120 循环工况

采用基于 K-means 聚类分析方法的工况识别算法提取 NEDC_120 经典循环工况的代表性参数并进行工况识别,代表性特征参数随时间的变化如图 5-4 所示,工况识别结果如图 5-5 所示。

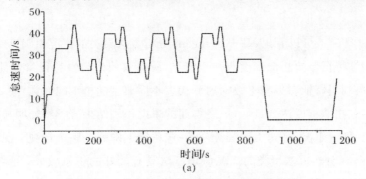

(a)

图 5-4 代表性特征参数随时间的变化曲线

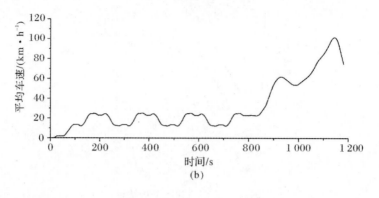

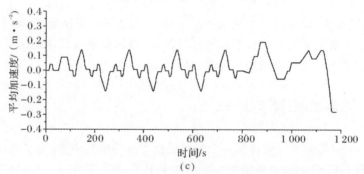

续图 5-4 代表性特征参数随时间的变化曲线

(a)怠速时间随时间变化； (b)平均车速随时间变化； (c)平均加速度随时间变化

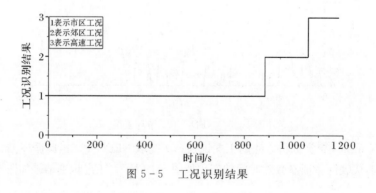

图 5-5 工况识别结果

从图 5-4 和图 5-5 可以看出,基于 K-means 分析方法聚类的工况识别算法通过获取运动学片段进行代表性特征参数相似程度的一个归类,所提取的代表性特征参数能够较好地反映经典工况特点,再利用特征参数样本数据划分代表不同典型随机工况的类,使 3 种典型随机工况之间的特征参数相似程度达到最低,最终得到的工况识别结果聚类特征明显。整个行驶工况可分为市区工况、郊区工况、高速工况三类,在一定程度上降低了整个行驶工况特征的随机性。因此,基于 K-means 分析方法聚类的工况识别算法具有较好的识别效果,可增强实时优化能量管理策略的工况适应性。

5.3 基于工况识别的自适应实时优化能量管理策略

5.3.1 3种典型工况最优等效因子计算

相同行驶工况在取不同充放电等效因子时会达到不同的控制效果，适合某一行驶工况的等效因子对另一行驶工况可能不会达到最佳的控制效果，因此三种典型随机工况具有相应的最优等效因子。近年来，关于如何确定等效因子，相关学者已做了大量研究，本书依据文献[93][161][167]确定等效因子的取值范围为

$$\left.\begin{array}{l}0.1 \leqslant F_{chg} \leqslant 1.5 \\ 0.1 \leqslant F_{dis} \leqslant 1.5\end{array}\right\} \quad (5-8)$$

ISG混合动力车辆在三种随机典型工况下产生的需求转矩，按照PF-EEMS算法进行分配，采用定步长穷举法改变充放电等效因子得到不同等效因子下的百公里油耗。3种不同典型随机工况的百公里油耗与不同等效因子的关系如图5-6所示。

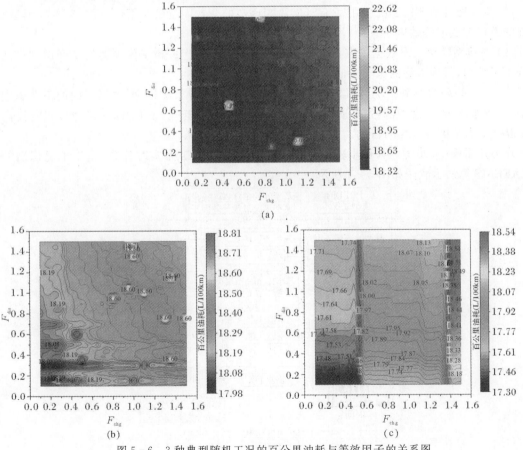

图 5-6 3种典型随机工况的百公里油耗与等效因子的关系图
(a) 市区工况；(b) 郊区工况；(c) 高速工况

从图 5-6 可以看出，相同充放电等效因子下，不同的典型随机工况的百公里油耗有很大差异，不同的充放电等效因子在同一典型随机工况下的百公里油耗也有很大差异，而且每种典型随机工况都有与其对应的最优充放电等效因子。3 种典型随机工况对应的最优充放电等效因子见表 5-6。

表 5-6 3 种典型随机工况的最优等效因子

工况类别	最优充电等效因子	最优放电等效因子
市区工况	0.30	0.10
郊区工况	0.10	0.30
高速工况	0.10	0.10

5.3.2 自适应 PF-EEMS 算法

基于 SOC 惩罚函数的 EEMS 算法可以实现 ISG 混合动力车辆在特定工况下实时优化控制，而基于 K-means 聚类的工况识别算法可增强混合动力车辆对行驶工况的自适应性。因此，本书将二者结合，提出带 SOC 惩罚函数的自适应等效能量最小策略（Adaptive Equivalent Energy Minimization Strategy with Penalty Function，PF-AEEMS）。算法的具体实现步骤如下。

（1）对 3 种典型随机工况应用基于 SOC 惩罚函数的等效能量最小策略，得到 3 种典型随机工况的最优充放电等效因子。

（2）对典型随机工况数据提取代表性特征参数，应用基于 K-means 聚类的工况识别算法划分工况类型，得到最终的聚类中心。

（3）对一段随机行驶工况，提取其代表性特征参数并进行工况识别，根据当前的工况识别类型，应用基于 SOC 惩罚函数的等效能量最小策略进行转矩（能量）的最优分配，实现提高 ISG 混合动力车辆经济性的目的。

在上述步骤中，步骤（1）和步骤（2）为离线计算，步骤（3）为实时计算，基于工况识别的 PF-AEEMS 算法示意图如图 5-7 所示。

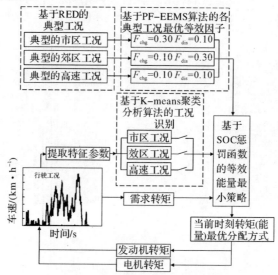

图 5-7 基于工况识别的 PF-AEEMS 算法示意图

5.3.3 策略验证与发电指标评价

为验证 PF-AEEMS 算法的有效性,仍以模拟越野工况 FHA 作为仿真验证循环工况。在 FHA 循环工况下,将基于工况识别的 PF-AEEMS 和未工况识别的 PF-EEMS 算法的控制效果进行对比,从而验证基于工况识别的自适应实时优化能量管理策略在工况适应性与改善经济性方面的优势。

FHA 循环工况的代表性特征参数随时间的变化如图 5-8 所示,工况识别结果如图 5-9 所示。

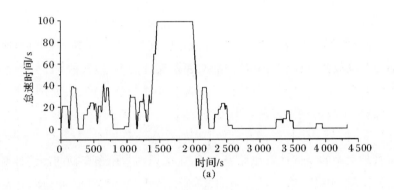

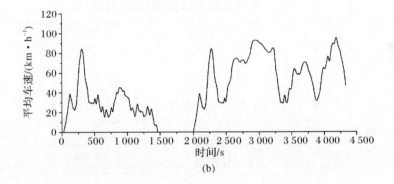

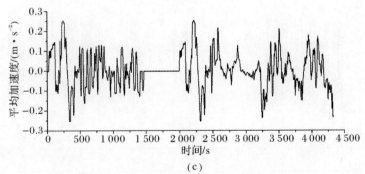

图 5-8 代表性特征参数随时间的变化曲线
(a) 怠速时间随时间变化;(b) 平均车速随时间变化;(c) 平均加速度随时间变化

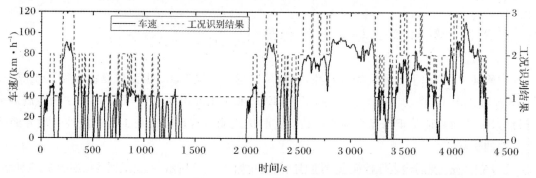

图 5-9 FHA 工况识别结果

从图 5-8 和图 5-9 可以看出,ISG 混合动力车辆驶入战场前怠速时间长、平均车速与平均加速度较小,从高速路驶入战场环境这一过程怠速时间短、平均车速和平均加速度较大,体现出 ISG 混合动力车辆战时条件下的机动作战与快速反应能力。提取的 FHA 工况特征参数值符合基于 RED 的典型随机工况特征,低速区域工况识别结果较为准确,而高速区域有部分工况识别略差,但是越野工况的整体识别效果较好。结果表明,基于 K-means 聚类的工况识别算法运行状态良好。

两种能量管理策略的经济性对比见表 5-7,工况识别与原型车辆的经济性对比见表 5-8;需求转矩分配如图 5-10 所示;SOC 变化曲线如图 5-11 所示;SOC 波动率见表 5-9。

表 5-7 两种能量管理策略的经济性对比

参数	未工况识别	工况识别	性能对比
百公里油耗 /L	19.22	18.72	↓2.08%
百公里电耗 /(kW·h)	−8.66	−3.41	↓60.62%

表 5-8 工况识别与原型车的经济性对比

参数	原型车辆	工况识别	节油率
等效百公里油耗 /L	19.99	17.36	13.16%

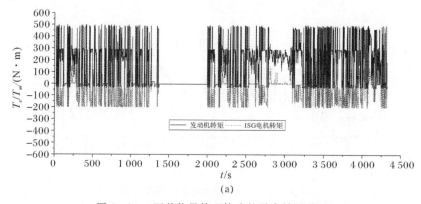

(a)

图 5-10 两种能量管理策略的需求转矩分配

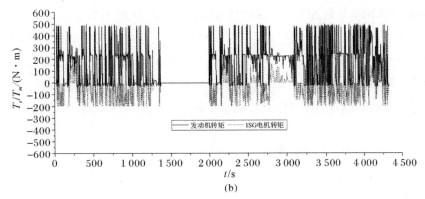

续图 5-10 两种能量管理策略的需求转矩分配

(a) 未工况识别的发动机和 ISG 电机转矩分配；(b) 工况识别的发动机和 ISG 电机转矩分配

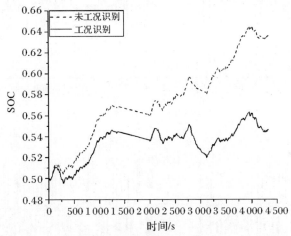

图 5-11 两种能量管理策略动力电池 SOC 变化曲线

表 5-9 两种能量管理策略动力电池 SOC 波动率

参数	未工况识别	工况识别	性能对比
SOC 波动率	0.14%	0.03%	↓78.57%

从表 5-7 中可以看出，百公里油耗降低了 2.08%，百公里电耗降低了 60.62%，由此可见工况识别相较于未工况识别经济性得到了进一步提升，同时也为车载武器装备持续提供电力保障；从表 5-8 中可以看出，与原型车辆相比，工况识别后节油率为 13.16%，节油效果明显；从图 5-10 可以看出，引入基于 K-means 聚类的工况识别算法后，发动机和 ISG 电机运行更加平稳，二者之间的转矩分配也更加合理，ISG 电机充放电转矩波动率进一步降低，从而对动力电池 SOC 起到调节作用，这在图 5-11 的 SOC 变化曲线结果中也得到了证明，在 2 750～3 250 s 的高速工况下 ISG 电机的加速助力作用更加明显，保证了车辆行驶动力性，ISG 电机性能优势得以充分发挥。

从图 5-11 和表 5-9 中可以看出，基于工况识别的控制策略在 2 750～3 250 s 动力电池 SOC 值迅速下降，根据前文的工况识别结果可知该时间段内车辆处于急加速且车速较高，ISG

电机的加速助力作用是导致SOC迅速降低的原因。但总体而言,与未工况识别相比,SOC变化更加平稳,波动率进一步下降,较好地维持了SOC值,从而起到延长动力电池使用寿命的作用,在更长的行驶里程下,PF-AEEMS算法对动力电池SOC的调节作用会表现出更明显的优势。由于所选取的动力电池在SOC处于0.52~0.58范围内时效率最高,因此从图5-11中可以发现,工况识别后的动力电池可以更好地工作在高效区域,从而使得动力电池的能量得到合理利用。

图5-12(a)(b)分别为工况识别前后高压负载端电压和电流的变化对比曲线,计算得到工况识别前后的稳压、稳流精度见表5-10。

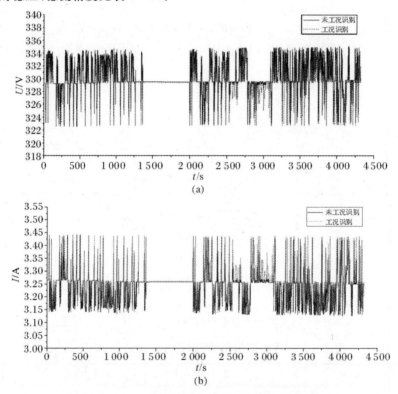

图5-12 工况识别前后电压和电流变化曲线

(a)工况识别前后电压变化;(b)工况识别前后电流变化

表5-10 工况识别前后的稳压、稳流精度

指 标	未工况识别	工况识别
δU	1.75%	1.60%
δI	4.82%	4.70%

从图5-12和表5-10中可以看出,与未工况识别相比,工况识别后的稳压精度和稳流精度仍然满足规范中规定的限值要求,电压和电流在允许范围内波动,且工况识别后的电压和电流的变化限度进一步降低,结果表明,引入工况识别算法后,系统实现了较好的稳压和稳流效果。

综上所述,基于工况识别的PF-AEEMS能量管理策略能够根据行驶工况的不断变化,对

ISG 混合动力车辆动力源转矩分配进行实时优化控制,经济性改善的同时有效维持了动力电池 SOC 值,从而验证了本书提出的 PF-AEEMS 算法可以改善经济性的同时具有更强的工况适应性,并实现了更好的稳压、稳流效果。

5.4 小　　结

本章提出了一种基于工况识别的自适应实时优化能量管理策略,具体内容如下。

(1)为了减少运算时间以及提高工况识别结果的准确性,优化行驶工况特征参数从而选取对工况影响较大的特征参数进行工况识别研究,综合考虑各个特征参数之间的相关性、各个特征参数与油耗的相关性,最终选取怠速时间、平均车速、平均加速度作为工况识别的代表性特征参数。

(2)从样本间相似程度的角度出发提出基于 K-means 聚类的工况识别算法,选取基于 RED 的典型随机工况,以市区工况、郊区工况、高速工况作为聚类分析的样本集,通过聚类计算得到 3 种典型随机工况的最终聚类中心,再以经典工况 NEDC_120 进行聚类验证。结果表明,基于 K-means 聚类的工况识别算法具有较好的工况识别效果。

(3)应用 PF-EEMS 算法得到市区工况、郊区工况、高速工况分别对应的最优充放电等效因子,最终将基于 K-means 聚类的工况识别算法与 PF-EEMS 算法相结合,提出基于工况识别的 PF-AEEMS 能量管理策略,并对其进行仿真分析。仿真结果表明,与未工况识别相比,基于工况识别的 PF-AEEMS 能量管理策略能够根据行驶工况的不断变化,对 ISG 混合动力车辆动力源转矩分配进行实时优化控制,模拟越野工况下的燃油经济性比原型车辆提升了 13.16%,在车辆行驶状态下可为车载武器装备提供更持久的电力输出,经济性改善的同时有效维持了动力电池 SOC 值,SOC 变化更加平稳,波动率降低了 78.57%,保证动力电池可以更好地工作在高效区域,使得其能量得到了合理利用,可以延长动力电池的使用寿命,进一步验证了本书提出的 PF-AEEMS 算法具有更强的工况适应性,系统发电指标满足国家标准中规定的电气指标要求,稳压、稳流效果进一步提升。

第 6 章　ISG 混合动力系统关键总成参数优化

传统的混合动力系统关键参数匹配过程均是在能量管理策略研究前完成,而动力传动系统中各部件的参数匹配会受到控制策略的影响,因此在能量管理策略完善的基础上对系统关键总成参数进行匹配会更具有意义。本章在前文控制策略研究的基础上,探讨了 ISG 混合动力系统参数匹配方法,对系统的关键总成参数进行了选取,以选取的关键参数作为优化变量建立系统优化模型,以经济性最优为目标对 ISG 混合动力系统关键总成参数进行优化设计与优化结果分析,最后进行了整车性能仿真验证。

6.1　ISG 混合动力系统参数匹配方法

根据 ISG 混合动力系统匹配目标的不同将参数匹配方法分为理论匹配方法、工况匹配方法和优化匹配方法 3 种[89,168]。

(1) 理论匹配方法。理论匹配方法是根据整车动力性能指标和参数,通过理论计算公式对各部件参数进行计算,最终根据这些参数结果选取部件的具体型号。首先根据整车最高车速或者巡航车速确定发动机的功率,然后由起步加速时间或最大爬坡能力确定整车所需最大功率,综合考虑混合动力车辆纯电动工作模式、电机辅助工作模式、整车对电机的功率需求以及电机再生制动功率需求等方面确定电机功率,再由电机最大驱动功率和再生制动功率确定动力电池功率,结合续航里程确定动力电池的容量需求,最后根据得到的参数建立系统仿真模型,在循环工况下进行动力性和经济性仿真。如果车辆能够准确、快速跟踪循环工况且满足性能约束条件,则混合动力系统参数符合要求,否则需要重新进行参数计算。

理论匹配方法的匹配过程简单,匹配得到的各部件能够满足系统性能需求,但该方法初选系统参数时只是参考系统的动力性能,其他性能指标需要在集成整个系统后得到,最终匹配完成的动力性能并不一定满足其他性能指标。因此,理论匹配方法只是系统设计之初为系统提供初值的方法,可为后续建立精确模型奠定基础。

(2) 工况匹配方法。工况匹配方法是在理论匹配方法的基础上优先考虑行驶工况的影响,对目标循环工况进行分析,提取其功率需求,再结合理论匹配方法确定发动机功率、电机功率以及动力电池功率和容量。工况匹配方法既能够减小动力源的尺寸,又能够较好地跟随目标工况需求,满足整车动力性指标,在一定程度上可实现节油的效果。

与理论匹配方法类似,工况匹配方法在进行匹配计算过程中并没有考虑整车的能量管理策略、变速器换挡规律等控制策略,导致匹配集成后的动力系统并不一定能够全面满足整车性能要求,匹配的动力系统没有达到最优,只是满足系统性能约束条件下的可行解集中的某个解,系统性能仍需进一步优化。

(3) 优化匹配方法。优化匹配是一种采用智能优化算法对混合动力系统参数进行匹配的方法。首先对动力系统部件参数进行初选,同时考虑给定车辆参数、部件特性曲线、设计目标以及整车能量管理策略,在此基础上建立整车性能仿真模型,以发动机功率、电机转矩、动力电池安时容量等动力系统部件参数作为优化变量,根据系统实际情况确定边界条件和约束条件,采用优化算法优化动力系统部件参数,对匹配方案进行目标性能评价,在满足性能指标约束条件与工况性能约束条件的同时迭代计算得到动力性、经济性、排放性等性能指标达到最优状态的方案。

优化匹配方法中常用的优化算法包括二次规划算法、凸优化算法等梯度算法,这类算法需要计算目标函数的导数或者梯度;另外还有一些智能优化匹配方法,包括基于遗传算法的优化匹配方法、基于神经网络的优化匹配方法、基于粒子群算法的优化匹配方法以及基于模拟退火算法的优化匹配方法,这些算法属于非梯度算法,目标函数无须具备导数或者梯度等数学特征,且梯度算法更容易陷入局部最优解,因此非梯度算法的应用更为广泛。

由于优化匹配方法具备高效、精确的优点,它便逐渐取代了理论匹配方法和工况匹配方法,也成为混合动力系统参数匹配研究中应用最广的匹配方法。因此,本书在整车能量管理策略研究的基础上采用优化匹配方法中的非梯度算法对ISG混合动力系统关键总成参数进行优化以提高整车性能。

6.2 ISG混合动力系统关键总成参数选取

上述介绍的ISG混合动力系统是在移动式供电系统的基础上升级改造而来的,其关键总成包括发动机、ISG电机、锂离子动力电池、AMT等,其中发动机和ISG电机均已定型,额外增加了锂离子动力电池并重新匹配了变速器。在电机功率有限的情况下,动力电池和AMT的参数对整车性能会产生较大影响,初选参数会以最大程度满足系统需求,但可能会造成不必要的浪费从而增加整车升级改造成本,且系统性能并非最优。因此,需要选取动力电池和AMT的关键参数重新进行优化匹配,从而提高整车性能、降低改造成本。

6.2.1 锂离子动力电池关键参数

在ISG混合动力系统匹配过程中,动力部件与传动部件的型号决定了整车的成本,其中动力电池的成本占主要部分。因此,动力电池的关键参数匹配不仅影响混合动力车辆的动力性与经济性,还直接决定整车成本的高低。动力电池参数包括电压等级、功率、单体电池安时容量、电池个数等,其中单体电池安时容量的大小对整车动力性和经济性、SOC 波动以及整车成本影响很大,选择合理的动力电池安时容量在保证车辆动力性和经济性的前提下,还可以在一定程度上降低整车成本,对 ISG 混合动力车辆具有重要意义。因此,本书选取单体电池安时容量作为锂离子动力电池关键参数。

传统的电池安时容量确定方法是根据车辆的纯电动行驶里程、最高车速、加速性能等要求匹配计算而得到,而本书研究的 ISG 混合动力车辆是以实现移动式供电为目的,车辆对纯电动工作模式下的续驶里程并无要求,且发动机、ISG 电机等关键动力总成部件参数的确定使得车辆动力性指标也基本确定。若仍以传统方法匹配动力电池安时容量,则会造成电池安时容量一定程度上的浪费,容量的增大也会导致电池体积增加,从而增加混合动力车辆的布置难度与升级改造成本。因此,本书基于满足 ISG 电机功率需求的原则确定动力电池安时容量范围。

作为混合动力车辆主要的储能元件,动力电池在放电时所输出的功率应至少满足 ISG 电机的峰值工况需求,即

$$P_b = \frac{P_{m\_\max}}{\eta_m \eta_i \eta_b} \quad (6-1)$$

式中,P_b 为动力电池输出功率,单位为 kW;$P_{m\_\max}$ 为 ISG 电机峰值功率,单位为 kW。

其中,ISG 电机峰值功率 $P_{m\_\max} = 30$ kW,计算可得

$$P_b = 35.07 \text{ kW} \quad (6-2)$$

为了延长动力电池使用寿命,需要限制其最大放电功率与最大放电电流以起到保护电池的作用,即满足

$$\left. \begin{array}{l} P_b \leqslant P_{b\_dis\_\max} \\ P_{b\_dis\_\max} = U_b I_{b\_dis\_\max} \\ I_{b\_dis\_\max} = k_{\max} Q_b \end{array} \right\} \quad (6-3)$$

式中,$P_{b\_dis\_\max}$ 为动力电池最大放电功率,单位为 kW;$I_{b\_dis\_\max}$ 为动力电池最大放电电流,单位为 A;U_b 为动力电池额定电压,单位为 V;$k_{\max}$ 为锂离子动力电池最大放电倍率,单位为 h^{-1},一般取 $k_{\max} = 10 \text{ h}^{-1}$。

由式(6-3)计算得到动力电池安时容量范围为

$$Q_b \geqslant 10.96 \quad (6-4)$$

按照并联电池包数量为 4 计算得到单体电池安时容量范围为

$$Q_{b\_s} \geqslant 2.74 \quad (6-5)$$

式中,Q_{b_s} 为单体电池安时容量,单位为 A·h。

在混合动力车辆应用领域,锂离子动力电池容量过大或过小均会造成生产操作与装卸的不变。因此,从动力电池生产工艺、生产经济性角度考虑,锂电池单体安时容量上限不超过 40 A·h,最终得到单体电池安时容量范围为

$$3 \leqslant Q_{b\_s}' \leqslant 40 \quad (6-6)$$

6.2.2 AMT 关键参数

如 2.4.1 节所述,AMT 是在 MT 的基础上匹配换挡规律,根据换挡规律中挡位控制参数的设定实现挡位变换的,且换挡规律是混合动力车辆动力性和经济性的重要影响因素,选择合适的挡位控制参数才能得到合理的换挡规律,本书选择的双参数换挡规律中换挡车速对整车性能影响较大。因此,本书选取换挡车速这一控制变量作为 AMT 关键参数[169-171]。

如图 6-1 所示,在每条挡位线上选取 6 个换挡车速点作为 AMT 控制参数,即

$$\left.\begin{array}{l} v_{i\_i+1\_u} = [v_{i\_i+1\_u1}; v_{i\_i+1\_u2}; v_{i\_i+1\_u3}; v_{i\_i+1\_u4}; v_{i\_i+1\_u5}; v_{i\_i+1\_u6}] (i=1,2,3,4) \\ v_{j+1\_j\_d} = [v_{j+1\_j\_d1}; v_{j+1\_j\_d2}; v_{j+1\_j\_d3}; v_{j+1\_j\_d4}; v_{j+1\_j\_d5}; v_{j+1\_j\_d6}] (j=1,2,3,4) \end{array}\right\} \quad (6-7)$$

式中,$v_{i\_i+1\_u}$ 为 i 挡升 $i+1$ 挡车速,单位为 km/h;$v_{j+1\_j\_d}$ 为 $j+1$ 挡降 j 挡车速,单位为 km/h。

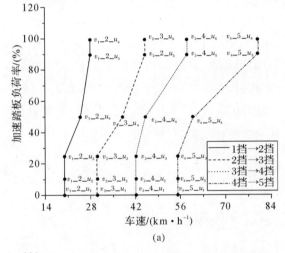

(a)

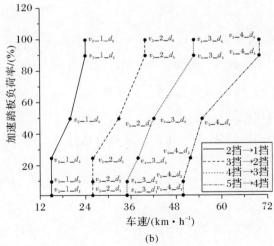

(b)

图 6-1 换挡车速点选取

(a) 升挡车速点; (b) 降挡车速点

6.3 ISG 混合动力系统关键总成参数优化

6.3.1 全局探索优化算法

对于 ISG 混合动力系统,研究其多参数、多目标的优化问题往往比较复杂,优化问题的目标函数、设计变量与约束条件可能是非线性、非连续性、不可微函数,在这种复杂情况下,无法利用其导数、梯度等信息求最优解,传统的数值优化与直接搜索法又无法避免陷入局部最优解。因此,为解决此类问题使得系统性能达到全局最优,本书采用多岛遗传算法(Multi-Island Genetic Algorithm,MIGA)对 ISG 混合动力系统关键总成参数进行优化设计。

MIGA 是日本同志社大学知识工程系的 M Kaneko 等对并行分布遗传算法的改进,MIGA 的子种群/岛生成原理如图 6-2 所示。与传统 GA 的单一种群进化不同,MIGA 是将一个大的种群分成若干个子种群,形象地称之为"岛",而在每个岛上运用传统 GA(Genetic Algorithm)进行子种群进化,每隔一定代数,会按照一定的比例选择各岛的个体完成岛与岛之间的迁移过程,增加了岛内个体的多样性;因此,MIGA 比传统 GA 具有更优良的全局求解能力和计算效率,且适应性强,无须计算函数的梯度值,只评价设计点。

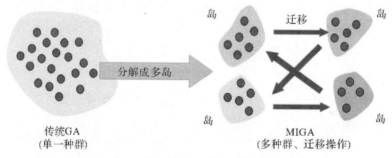

图 6-2 MIGA 的子种群/岛生成原理

MIGA 实现过程流程如图 6-3 所示,算法流程如下。

(1) 对由个体组成的种群进行初始化,将一个大的种群分解成若干个"岛"。

(2) 每隔一定的迁移间隔代数,按一定岛间迁移率选择各岛的个体,转移到其他岛上,完成种群间的个体交换。

(3) 计算种群中每个个体的适应度值,采用适应度比例法选择适应度较高的个体作为初代种群。

(4) 对初代种群的个体进行交叉操作,以两个个体作为双亲进行基因链码交叉,从而产生两个新的个体作为他们的子代个体,交叉概率为 P_c。

(5) 对新的个体进行变异操作,通过在染色体的某些基因位置产生突变得到与其他个体有所不同的新个体,变异概率为 P_m。

(6)当满足终止准则时,迭代结束,输出种群中适应度值最高的个体作为优化问题的最优解,否则,重复进行步骤(2)~步骤(5),直至达到终止条件。

MIGA通过反复恰当地使用交叉算子、变异算子、选择原则以及岛间迁移,从父代到子代,从子代再到孙代,不断繁衍生息,提高了种群对环境的适应性。

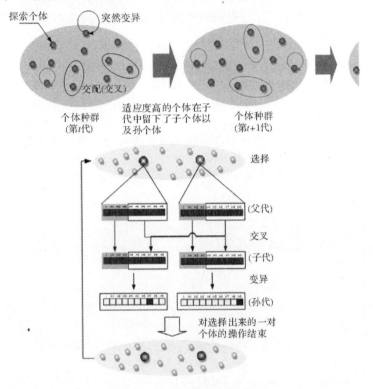

图6-3 MIGA实现过程流程图

6.3.2 考虑经济性的多目标优化

1. 建立优化模型

为了改善整车的燃油经济性,同时考虑到动力电池安时容量对SOC波动产生的影响,选取等效燃油消耗量与电能消耗量作为优化目标,以动力电池单体安时容量与48个换挡车速作为优化变量,建立如下式所示的优化模型,保证在等效油耗最小的同时进一步减小电能的冗余转换,从而使得SOC变化平稳。

$$\left.\begin{array}{l} \min f(x) = \{C_{eq}, C_e\} \\ g(Q_{b\_s}) \leqslant 0 \\ g(v_{i\_i+1\_u}) \leqslant 0 \\ h(v_{i\_i+1\_u}, v_{i\_i+1\_d}) = 0 \quad (i,j=1,2,3,4) \end{array}\right\} \quad (6-8)$$

式中,$f(x)$为目标函数;C_{eq}为等效燃油消耗量,单位为L/100 km;C_e为电能消耗量,单位为kW·h/100 km;$x = [Q_{b\_s}, v_{i\_i+1\_u}, v_{j+1\_j\_d}]$为优化变量;$g(Q_{b\_s})$,$g(v_{i\_i+1\_u})$,$h(v_{i\_i+1\_u}$,

$v_{j+1\_j\_d}$)分别为相应优化变量的约束条件。

在如式(6-8)所示的优化模型中,约束条件 $g(Q_{b\_s})$ 为式(6-6),而约束条件 $g(v_{i\_i+1\_u})$ 为各个挡位之间的升挡车速不能超过各挡之间的最大升挡车速[172-173],即

$$v_{i\_i+1\_u} \leqslant v_{i\_i+1\_u\_\max}(i=1,2,3,4) \quad (6-9)$$

为了保证车辆降挡时的平顺性与避免循环换挡,各挡位之间降挡车速与升挡车速之间存在车速偏移,即约束条件 $h(v_{i\_i+1\_u},v_{j+1\_j\_d})$ 为

$$v_{i\_i+1\_u} - v_{i+1\_i\_d} = \Delta v_{\mathrm{DEV}}(i=1,2,3,4) \quad (6-10)$$

式中,Δv_{DEV} 为车速偏移量,单位为 km/h。

2. 优化结果分析

采用 MIGA 进行优化求解,得到 FHA 循环工况下考虑经济性的 ISG 混合动力系统多目标优化问题可行解的集合,如图 6-4 所示。

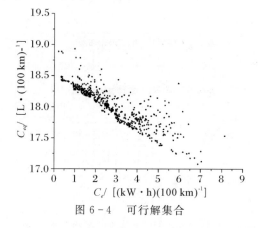

图 6-4 可行解集合

从可行解的集合中选取最优解组成 Pareto 最优解集,得到等效燃油消耗量 C_{eq} 与电能消耗量 C_e 的 Pareto 前沿,如图 6-5 所示。从图中两个目标值的取值趋势可以看出,两个目标函数之间是相互矛盾的,这也意味着两个目标函数很难同时达到最优,另外,每个最优解相对应的单体电池安时容量也不同,如图 6-6 所示,因此,需要从优化的重视程度与整车匹配成本的角度选取所需的优化方案。

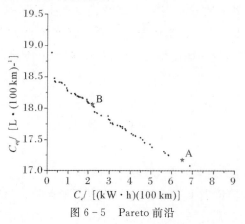

图 6-5 Pareto 前沿

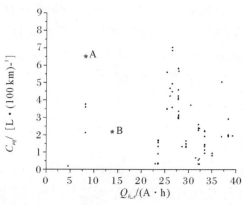

图 6-6 Pareto 最优解对应的单体电池安时容量

通过权衡两个目标变量以及单体电池安时容量之间的关系,从 Pareto 最优解集选取两组优化方案(见图 6-5 和图 6-6),本书讨论了 A 和 B 两种不同优化方案,其优化结果见表 6-1。从表中结果可以看出,优化目的不同,制定的优化策略也不同,从而满足不同的工程需要,方案 A 侧重优化等效燃油消耗量,方案 B 侧重优化电能消耗量。两种方案的单体电池安时容量均有所减小,可以降低整车改造成本与动力电池布置难度;与原型车辆相比,两种方案的燃油经济性均有所提升,最高节油率为 14.26%(方案 A),节油效果比初始方案进一步提升,说明了所提出的系统参数优化匹配思路是有效的。最终得到两组优化方案的换挡车速曲线如图 6-7 所示。

表 6-1 不同优化目的下的优化结果

参数	方案 A	方案 B	初始方案(工况识别)	原型车辆
$C_{eq}/[\text{L} \cdot (100\text{ km})^{-1}]$	17.14	18.06	17.36	19.99
$C_e/[(\text{kW} \cdot \text{h})(100\text{ km})^{-1}]$	6.50	2.15	3.41	—
$Q_{b\_s}/(\text{A} \cdot \text{h})$	8.12	13.81	22.50	—

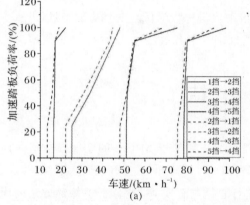
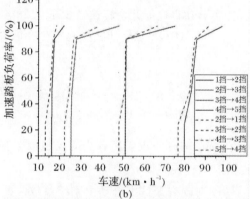

图 6-7 换挡车速曲线
(a) 方案 A;(b) 方案 B

6.3.3 整车经济性验证

为进一步验证本书提出的系统参数优化匹配思路的准确性,分别应用 A 和 B 两种方案相应的换挡规律与单体动力电池安时容量,在国家标准规定的 C-WTVC 循环工况下进行整车经济性仿真验证。表 6-2 为整车经济性对比,图 6-8 为动力电池 SOC 变化曲线对比,从而计算得到表 6-3 中的 SOC 变化曲线波动率对比。

表 6-2 整车经济性对比

参数	方案 A	方案 B	工况识别
$C_{eq}/[\text{L} \cdot (100\text{ km})^{-1}]$	13.87	14.38	14.04
$C_e/[(\text{kW} \cdot \text{h})(100\text{ km})^{-1}]$	13.58	10.95	11.81

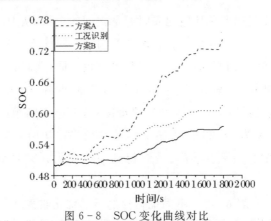

图 6-8　SOC 变化曲线对比

表 6-3　SOC 变化曲线波动率对比

参　数	方案 A	方案 B	工况识别
SOC 波动率	0.65%	0.07%	0.13%

结果表明，方案 A 使得整车燃油经济性比工况识别提高了 1.21%，但存在电能的冗余转换；方案 B 使得电能冗余转换减少了 7.28%，SOC 波动率进一步降低且变化更加平稳，进一步验证了基于 MIGA 算法的系统参数优化匹配方法的准确性与有效性。

6.4　小　　结

本章在基于工况识别算法的控制策略基础上提出了一种基于 MIGA 的系统参数优化匹配方法，具体内容如下。

（1）对现有 ISG 混合动力系统参数匹配方法进行总结与分类，对比分析了每种方法的优势以及存在的问题，从而选取优化匹配方法对 ISG 混合动力系统关键总成参数进行优化。

（2）考虑到整车动力源均已定型且电机功率有限的实际情况，锂离子动力电池与 AMT 的参数对系统性能影响较大，因此选取锂离子动力电池和 AMT 的关键参数进行匹配优化。

（3）选取等效燃油消耗量与电能消耗量作为优化目标，以动力电池和 AMT 关键参数作为优化变量，建立系统优化模型，采用 MIGA 对 ISG 混合动力系统性能进行多目标优化，得到 Pareto 最优解集。根据优化的重视程度与整车匹配成本对优化目标进行权衡，从中选取了两种不同优化方案。优化结果表明，两种方案的单体电池安时容量均有所减小，可以降低整车改造成本与动力电池布置难度；与原型车辆相比，两种方案的燃油经济性均有所提升，方案 A 实现了 14.26% 的较高节油率，节油效果比初始方案进一步提升，说明了所提出的系统参数优化匹配思路是有效的。

（4）最后在 C-WTVC 循环工况下进行了整车经济性仿真验证。验证结果表明，两种方案各有利弊，可根据实际工程需要进行衡量，进一步验证了基于 MIGA 的系统参数优化方法的有效性。

参 考 文 献

[1] 臧克茂.陆战平台全电化技术研究综述[J].装甲兵工程学院学报,2011,25(1):1-7.
[2] 项宇,刘春光,马晓军,等.基于联合算法的军用车辆混合动力系统能量管理[J].电机与控制学报,2016,20(9):80-88.
[3] 何建清,石秉良,解来卿.军车自发电系统现状及需求分析[J].专用汽车,2011(5):71-74.
[4] 肖磊,韩雪峰,陈锐,等.基于起动发电一体机的车用混合动力总成控制策略研究[J].兵工学报,2015,36(9):1799-1804.
[5] 杨敏,裴向前,郑建龙.美军移动供电现状及发展趋势[J].电源技术,2015,39(7):1558-1561.
[6] 朱逸天,赵徐成,王旭昆,等.航空电源车动力传输系统研究现状及发展[J].装备制造技术,2015(11):112-113,118.
[7] 吴庆付,杨旭.某型维修工程车 16kW 自发电系统设计[J].移动电源与车辆,2016(4):1-6,21.
[8] 吴磊,焦宇飞,白云川,等.车载轴带发电系统动力瞬间中断自源补能技术[J].军事交通学院学报,2016,18(2):39-43.
[9] 李长兵,臧克茂,李立宇.装甲车辆起动发电一体化的设计[J].车辆与动力技术,2014(3):28-31.
[10] 袁东,魏曙光,马晓军.装甲车辆供电系统研究现状与发展趋势[J].装甲兵工程学院学报,2016,30(6):68-74.
[11] 马晓军,袁东,臧克茂,等.数字全电式坦克炮控系统研究现状与发展[J].兵工学报,2012,33(1):69-76.
[12] 耿荣茂.GJB 298—1987 军用车辆 28V 直流电气系统特性[M].北京:中国人民解放军原总参谋部装甲兵部,1987.
[13] 可荣硕.车辆综合电力系统能量管理控制策略研究[D].北京:装甲兵工程学院,2014.
[14] 尹安东,李领领.车用 ISG 技术及其国内外发展现状[J].汽车科技,2011(5):1-6.
[15] VIOREL I A, SZABÓ L, LÖWENSTEIN L,et al. Integrated Starter-Generators for Automotive Applications[J]. Acta Electrotehnica, 2004, 45(3):255-260.
[16] 宋真玉.ISG 型 HEV 动力总成的设计建模与仿真研究[D].西安:长安大学,2014.
[17] BAZGHALEH A Z, NAGHASHAN M R, MESHKATODDINI M R,et al. Optimum Design of High Speed Single-sided Linear Induction Motor to Obtain Best Performance

[C] // SPEEDAM 2010. Pisa, Italy, June 2010:1222 - 1226.

[18] 葛研军,万宗伟,王雪,等.新型永磁复合电机的设计与优化[J].电机与控制应用,2018,45(6):51 - 55.

[19] 罗正豪,井立兵,高起兴.分段偏心磁极表贴式永磁电机优化设计[J].微特电机,2018(10):1 - 4.

[20] SRIKOMKHAM P, RUANGSINCHAIWANICH S. Optimal Rotor Design of a PSC Motor Using Taguchi Method and FEM[C] // 2010 International Conference on Electrical Machines and Systems. Incheon, South Korea, Oct. 2010:1341 - 1346.

[21] SHIN W G, LEE S H. Determination of Accelerated Condition for Brush Wear of Small Brush-type DC Motor in Using Design of Experiment (DOE) Based on the Taguchi Method[J]. Journal of Mechanical Science & Technology, 2011, 25(2):317 - 322.

[22] 胡岩,王功臣.航空用高速永磁发电机电磁设计研究[J].电气工程学报,2015,10(9):22 - 29.

[23] 刘彦呈,刘伟民,郭昊昊.基于田口法的永磁同步推进电机优化设计[J].微特电机,2018,46(3):18 - 20,24.

[24] YANG G, SHIWEI Z, SHAOFENG L. Design and Optimization of Switched Reluctance Motor by Taguchi Method[R] // 2018 13th IEEE Conference on Industrial Electronics and Applications (ICIEA). Wuhan, China, June 2018.

[25] 李建军,黄开胜,武宁,等.基于 Taguchi 法的表面式永磁同步电机多目标优化[J].微特电机,2018,46(7):10 - 13.

[26] ISHIKAWA T, CHEN C, HASHIMOTO S, et al. Optimal Design of Thrust Characteristics of Permanent Magnet Type Linear Motor Using Orthogonal Table and Multiregression Analysis[J]. IEEE Transactions on Magnetics, 2004, 40(2):1220 - 1223.

[27] SADEGHI M H, DARABI A. Optimization of a New Type of Hysteresis Motor Using Genetic Algorithm[R] // 2010 9th International Conference on Environment and Electrical Engineering. Prague, Czech Republic, May 2010.

[28] 石书琪,唐宏伟,林立,等.基于遗传算法的双馈风力发电机优化设计[J].邵阳学院学报(自然科学版),2017,14(6):49 - 53.

[29] 金亮,汪冬梅.基于 MATLAB 与 COMSOL 联合仿真的永磁同步发电机优化设计[J].中国科技论文,2017,12(17):2012 - 2017.

[30] 吕刚,刘素阔.基于遗传算法的直线感应电机帽型次级结构参数优化设计[J].北京交通大学学报,2018,42(2):107 - 113.

[31] THEJASWINI R, PHANI RAJU H B. Optimizing Wind Turbine-generator Design Using Genetic Algorithm[R]//2018 Second International Conference on Advances in Electronics, Computers and Communications (ICAECC). Bangalore, India, Feb. 2018.

[32] 舒鑫东,陈进华,张驰,等.基于遗传算法的高速电主轴永磁电机齿槽转矩优化[J].微电

机,2018,51(3):27-29,61.

[33] RAZIK H,DEFRANOUX C,REZZOUG A. Identification of Induction Motor Using a Genetic Algorithm and a Quasi-Newton Algorithm[R] // IEEE International Power Electronics Congress. IEEE,Acapulco,Mexico,Oct. 2000.

[34] 郎旭初,倪有源,李伟.基于拟牛顿法和模式搜索法优化永磁发电机[J].微电机,2013,46(5):27-30,39.

[35] SHIRI A,SHOULAIE A. Design Optimization and Analysis of Single-Sided Linear Induction Motor,Considering All Phenomena[J]. IEEE Transactions on Energy Conversion,2012,27(2):1-10.

[36] ZHANG Y,YUAN J,XIE D,et al. Shape Optimization of a PMLSM Using Kriging and Genetic Algorithm[C]//2010 5th IEEE Conference on Industrial Electronics and Applications. Taichuang,Taiwan,June 2010:1496-1499.

[37] KIM J B,HWANG K Y,KWON B I. Optimization of Two-Phase In-Wheel IPMSM for Wide Speed Range by Using the Kriging Model Based on Latin Hypercube Sampling[J]. IEEE Transactions on Magnetics,2011,47(5):1078-1081.

[38] LI M,GABRIEL F,ALKADRI M,et al. Kriging Assisted Multi-objective Design of Permanent Magnet Motor for Position Sensorless Control[J]. IEEE Transactions on Magnetics,2016,52(3):1-4.

[39] 汤春球,袁友利,莫易敏,等.基于拉丁超立方抽样的薄壁梁抗弯性能研究[J].汽车技术,2017(5):30-35.

[40] 邹翔.基于kriging函数的连续刚构桥结构优化设计[J].交通科技,2018(3):79-81,106.

[41] 赵秀春,郭戈.混合动力电动汽车能量管理策略研究综述[J].自动化学报,2016,42(3):321-334.

[42] 詹森.基于工况与驾驶风格识别的混合动力汽车能量管理策略研究[D].重庆:重庆大学,2016.

[43] 项宇,刘春光,魏曙光,等.军用电传动车辆混合动力系统能量管理技术[J].火力与指挥控制,2016,41(4):1-5.

[44] 王志勇,韩善灵,张鑫,等.插电式混合动力汽车能量管理策略发展综述[J].科学技术与工程,2019,19(12):8-15.

[45] 于海芳.混合动力汽车复合储能系统参数匹配与控制策略研究[D].哈尔滨:哈尔滨工业大学,2010.

[46] WIRASINGHA S G,EMADI A. Classification and Review of Control Strategies for Plug-In Hybrid Electric Vehicles[J]. IEEE Transactions on Vehicular Technology,2011,60(1):111-122.

[47] HUANG Y,WANG H,KHAJEPOUR A,et al. Model Predictive Control Power Management Strategies for HEVs:A review[J]. Journal of Power Sources,2017,341:91-106.

[48] 黄希光. 基于多参数优化的等效燃油消耗最小的混合动力汽车能量管理策略研究[D]. 重庆:重庆交通大学,2016.

[49] 戴佳哲. 混合动力汽车动力系统匹配设计及性能仿真研究[D]. 沈阳:沈阳航空航天大学,2018.

[50] 童毅,张俊智,欧阳明高. 混合动力汽车扭矩管理策略[J]. 清华大学学报(自然科学版),2006,43(8):1134-1137.

[51] 舒红,刘文杰,袁景敏,等. 混联型混合动力汽车能量管理策略优化[J]. 农业机械学报,2009,40(3):31-35.

[52] ADHIKARI S,HALGAMUGE S K,WATSON H C. An Online Power-balancing Strategy for a Parallel Hybrid Electric Vehicle Assisted by an Integrated Starter Generator[J]. IEEE Transactions on Vehicular Technology,2010,59(6):2689-2699.

[53] 连静,韩虎,李琳辉,等. 基于传动系统效率最优的混合动力汽车控制策略研究[J]. 大连理工大学学报,2013(5):666-670.

[54] DEXTREIT C,KOLMANOVSKY I V. Game Theory Controller for Hybrid Electric Vehicles[J]. IEEE Transactions on Control Systems Technology,2014,22(2):652-663.

[55] SHABBIR W,EVANGELOU S A. Real-time Control Strategy to Maximize Hybrid Electric Vehicle Powertrain Efficiency[J]. Applied Energy,2015,135:512-522.

[56] 周奇勋,曹世宏,季新杰. ISG 混合动力汽车控制规则优化与转矩分配策略研究[J]. 汽车工程,2015,37(7):751-756.

[57] ENANG W,BANNISTER C. Modelling and Control of Hybrid Electric Vehicles (A Comprehensive Review)[J]. Renewable and Sustainable Energy Reviews,2017,74:1210-1239.

[58] DI CAIRANO S,WEI L,KOLMANOVSKY I V,et al. Power Smoothing Energy Management and its Application to a Series Hybrid Powertrain[J]. IEEE Transactions on Control Systems Technology,2013,21(6):2091-2103.

[59] MURPHEY Y L,PARK J,KILIARIS L,et al. Intelligent Hybrid Vehicle Power Control—Part II:Online Intelligent Energy Management[J]. IEEE Transactions on Vehicular Technology,2013,62(1):69-79.

[60] ZHOU M L,LU D K,LI W M. Optimized Fuzzy Logic Control Strategy for Parallel Hybrid Electric Vehicle Based on Genetic Algorithm[J]. Applied Mechanics and Materials,2013,274:345-349.

[61] BOSTANIAN M,BARAKATI S M,NAJJARI B. A Genetic-Fuzzy Control Strategy for Parallel Hybrid Electric Vehicle[J]. International Journal of Automotive Engineering,2013,3(3):483-495.

[62] CHINDAMO D,GADOLA M,ECONOMOU J T. A Neurofuzzy-controlled Power Management Strategy for a Series Hybrid Electric Vehicle[J]. Proceedings of the Institution of Mechanical Engineers Part D Journal of Automobile Engineering,2014,228(9):1034 - 1050.

[63] MOGHBELI H,NIASAR A H,FALLAHI N. Fuzzy Energy Control Strategy of Through-to-road Hybrid Electric Vehicle[C] // 2014 IEEE 23rd International Symposium on Industrial Electronics (ISIE). IEEE,2014:1660 - 1665.

[64] 梁俊毅,张建龙,马雪瑞,等. 基于多混沌算子遗传算法的混合动力汽车控制策略优化[J]. 上海交通大学学报,2015,49(4):442 - 449,456.

[65] 张炳力,赵韩,吴迪,等. 基于小波变换的燃料电池混合动力系统多能源管理策略研究[J]. 汽车工程,2008(10):914 - 917,926.

[66] TIE S F,TAN C W. A Review of Energy Sources and Energy Management System in Electric Vehicles[J]. Renewable and Sustainable Energy Reviews,2013,20(4):82 - 102.

[67] ZHANG P,YAN F,DU C. A Comprehensive Analysis of Energy Management Strategies for Hybrid Electric Vehicles Based on Bibliometrics[J]. Renewable and Sustainable Energy Reviews,2015,48:88 - 104.

[68] 邹渊,陈锐,侯仕杰,等. 基于随机动态规划的混合动力履带车辆能量管理策略[J]. 机械工程学报,2012,48(14):91 - 96.

[69] WANG X,HE H,SUN F. Application Study on the Dynamic Programming Algorithm for Energy Management of Plug - in Hybrid Electric Vehicles[J]. Energies,2015,8:3225 - 3244.

[70] HAO C,YUE Y. Optimization on Combination of Transport Routes and Modes on Dynamic Programming for a Container Multimodal Transport System[J]. Procedia Engineering,2016,137:382 - 390.

[71] 勾华栋. 基于动态规划的并联混合动力客车能量管理策略研究[D]. 长春:吉林大学,2015.

[72] 巴特,高印寒,王庆年,等. 基于动态规划算法的并联混合动力客车控制策略优化[J]. 汽车工程,2015,37(12):1359 - 1365.

[73] LARSSON V,JOHANNESSON L,EGARDT B. Analytic Solutions to the Dynamic Programming Subproblem in Hybrid Vehicle Energy Management[J]. Vehicular Technology,IEEE Transactions on,2015,64(4):1458 - 1467.

[74] KO J,KO S,SON H,et al. Development of Brake System and Regenerative Braking Cooperative Control Algorithm for Automatic-Transmission-Based Hybrid Electric Vehicles[J]. Vehicular Technology,IEEE Transactions on,2015,64(2):431 - 440.

[75] LEE H,CHA S W,KIM H,et al. Energy Management Strategy of Hybrid Electric

Vehicle Using Stochastic Dynamic Programming[J]. SAE Technical Paper 2015, Detroit,USA,2015.

[76] PENG H,FENGCHUN S,YUAN Z,et al. Comparative Study of Dynamic Programming and Pontryagin's Minimum Principle on Energy Management for a Parallel Hybrid Electric Vehicle[J]. Energies,2013,6(4):2305 - 2318.

[77] LIU T,ZOU Y,LIU D X,et al. Real-time Control for a Parallel Hybrid Electric Vehicle Based on Pontryaginos Minimum Principle[R]//Proceedings of the 2014 IEEE Conference and Expo Transportation Electrification Asia-Pacific,Beijing,China,2014.

[78] XU K,QIU B,LIU G B,et al. Energy Management Strategy Design of Plug-in Hybrid Electric bus Based on Pontryagin's Minimum Principle[R]//Proceedings of the 2014 IEEE Conference Expo Transportation Electrification Asia-Pacific. Beijing, China: IEEE,2014.

[79] ONORI S,TRIBIOLI L. Adaptive Pontryagin's Minimum Principle Supervisory Controller Design for the Plug-In Hybrid GM Chevrolet Volt[J]. Applied Energy,2015, 147:224 - 234.

[80] LI Y,LU X,KAR N C. Rule-Based Control Strategy With Novel Parameters Optimization Using NSGA-II for Power-Split PHEV Operation Cost Minimization[J]. IEEE Transactions on Vehicular Technology,2014,63(7):3051 - 3061.

[81] 李平. 基于 SA - PSO 的 Plug - In 混合动力汽车模糊控制策略优化研究[D]. 济南:山东大学,2017.

[82] CHENG Y H,LAI C M. Control Strategy Optimization for Parallel hybrid Electric Vehicles Using a Memetic Algorithm[J]. Energies,2017,10(3):305 - 326.

[83] 杨观赐,张钧星,李少波,等. 基于行为博弈进化算法的并联混合动力汽车控制策略参数优化[J]. 科学技术与工程,2017,17(13):70 - 76.

[84] 马向华,叶银忠. 并联式混合动力汽车驱动系统遗传模糊控制策略研究[C]//第 32 届中国控制会议. 西安:IEEE,2013:7575 - 7579.

[85] SUN C,HU X S,MOURA S J,et al. Velocity Predictors for Predictive Energy Management in Hybrid Electric Vehicles[J]. IEEE Transactions on Control Systems Technology,2015,23(3):1197 - 1204.

[86] PANIGRAHI S P,PANIGRAHI B K,SAMANTA C. Genetic-based Bacteria Foraging to Optimize Energy Management of Hybrid Electric Vehicles[J]. IET Electrical Systems in Transportation,2014,4(3):53 - 61.

[87] 夏超英,张聪. 混合动力系统能量管理策略的实时优化控制算法[J]. 自动化学报,2015, 41(3):508 - 517.

[88] 陈征,刘亚辉,杨芳. 基于进化-增强学习方法的插电式混合动力公交车能量管理策略

[J]. 机械工程学报,2017,53(16):86-93.

[89] 黄硕,李亮,杨超,等. 基于规则修正的同轴并联混合动力客车瞬时优化能量分配策略[J]. 机械工程学报,2014,50(20):113-121.

[90] GUPTA V. Energy Management in Parallel Hybrid Electric Vehicles Combining Fuzzy Logic and Equivalent Consumption Minimization Algorithms[J]. Hctl Open International Journal of Technology Innovations & Research,2014,10:2321-2332.

[91] HAN J,KUM D,PARK Y. Synthesis of Predictive Equivalent Consumption Minimization Strategy for Hybrid Electric Vehicles Based on Closed-form Solution of Optimal Equivalence Factor[J]. IEEE Transactions on Vehicular Technology,2017,66(7):5604-5616.

[92] ZHANG Y,CHU L,FU Z. Optimal Energy Management Strategy for Parallel Plug-in Hybrid Electric Vehicle Based on Driving Behavior Analysis and Real Time Traffic Information Prediction[J]. Mechatronics,2017,46:177-192.

[93] 张静,于浩. 基于等效燃油消耗最小算法的并联式混合动力卡车控制策略[J]. 科学技术与工程,2019,19(18):302-308.

[94] 赵韩,吴迪. 基于随机模型预测控制的并联式混合动力汽车控制策略研究[J]. 汽车工程,2014,36(11):1289-1294.

[95] CAIRANO S D,BERNARDINI D,BEMPORAD A,et al. Stochastic MPC With Learning for Driver-Predictive Vehicle Control and its Application to HEV Energy Management[J]. IEEE Transactions on Control Systems Technology,2014,22(3):1018-1031.

[96] YU K,YANG H,TAN X,et al. Model Predictive Control for Hybrid Electric Vehicle Platooning Using Slope Information[J]. IEEE Transactions on Intelligent Transportation Systems,2016,17(7):1894-1909.

[97] HOMCHAUDHURI B,VAHIDI A,PISU P. Fast Model Predictive Control-Based Fuel Efficient Control Strategy for a Group of Connected Vehicles in Urban Road Conditions[J]. IEEE Transactions on Control Systems Technology,2017,25(2):760-767.

[98] SHI D,WANG S,PISU P. Modeling and Optimal Energy Management of a Power Split Hybrid Electric Vehicle[J]. Science China Technological Sciences,2017,60(5):713-725.

[99] XING J,XUEFENG H,HUI Y,et al. Driving Cycle Recognition for Hybrid Electric Vehicle[C]//Transportation Electrification Asia-pacific. IEEE,2014:1-6.

[100] LEROY T,VIDALNAQUET F,TONA P. Stochastic Dynamic Programming Based Energy Management of HEV's: An Experimental Validation[R]//Preprints of the 19th World Congress. The International Federation of Automatic Control,South Africa. 2014.

[101] ZHENG C,XU G,ZHOU Y. Realization of PMP-based Power Management Strategy

for Hybrid Vehicles Based on MPC Scheme[C]//IEEE International Conference on Information Science & Technology. IEEE,2014:682-685.

[102] SUN C,HE H,SUN F. The Role of Velocity Forecasting in Adaptive-ECMS for Hybrid Electric Vehicles[J]. Energy Procedia,2015,75:1907-1912.

[103] WANG J,WANG Q N,ZENG X H,et al. Driving Cycle Recognition Neural Network Algorithm Based on the Sliding Time Window for Hybrid Electric Vehicles[J]. International Journal of Automotive Technology,2015,16(4):685-695.

[104] 刘永刚,卢立来,解庆波,等.基于道路坡度信息的插电式混合动力汽车能量管理策略[J].工程科学学报,2016,38(7):1025-1031.

[105] 詹森,秦大同,曾育平.基于遗传优化K均值聚类算法工况识别的混合动力汽车能量管理策略[J].中国公路学报,2016,29(4):130-137,152.

[106] 连静,常静,李琳辉,等.基于模糊在线识别的并联混合动力客车自适应控制策略[J].北京理工大学学报,2016,36(3):264-270.

[107] MARTINEZ C M,HU X,CAO D,et al. Energy Management in Plug-in Hybrid Electric Vehicles:Recent Progress and a Connected Vehicles Perspective[J]. IEEE Transactions on Vehicular Technology,2017,66(6):4534-4549.

[108] 陈欣,王国军.军用汽车理论[M].北京:机械工业出版社,2017.

[109] 彭莫,周良生,岳惊涛,等.多轴汽车[M].北京:机械工业出版社,2014.

[110] 曾繁琦,资新运,边浩然,等.军事装备移动式供电技术[J].兵工自动化,2018,37(10):5-12.

[111] 周夏威.42V混合动力汽车的动力系统仿真及特性分析[D].长春:吉林大学,2015.

[112] 王光平.并联插电式混合动力汽车控制技术研究[D].长春:吉林大学,2016.

[113] 李垚.并联混合动力客车动力源参数匹配和优化[D].北京:北京理工大学,2016.

[114] 彭志远.单电机ISG型AMT重度混合动力汽车能量管理策略研究[D].重庆:重庆大学,2012.

[115] WEI L.混合动力汽车系统建模与控制[M].北京:机械工业出版社,2015.

[116] 蔡志.并联式混合动力汽车动力系统参数匹配研究[D].长沙:湖南大学,2016.

[117] 饶阳.并联混合动力汽车总成参数匹配及优化研究[D].成都:西南交通大学,2013.

[118] 李涛.基于AVL CRUISE的混合动力客车动力性与经济性仿真研究[D].西安:长安大学,2016.

[119] 李治萱.DCT混合动力汽车的构型分析、参数匹配及优化控制研究[D].长春:吉林大学,2013.

[120] 倪成群,赵强,张幽彤.插电式混合动力客车电能消耗阶段控制策略的研究[J].汽车工程,2014,36(1):12-16,27.

[121] 宫唤春.混合动力客车AMT换挡规律研究[J].内燃机,2018(3):27-30.

[122] 唐任远.现代永磁电机[M].北京:机械工业出版社,2015.

[123] WU Q,XIONG H,LIU L,et al. Research on Voltage Regulation of a Permanent Magnet Generator[C]//International Conference on Electrical & Control Engineering. IEEE,Yichang,China,Sept. 2011:4935－4937.

[124] 郭兵,冷政,杨仲源. 永磁电机固有电压调整率降低措施的定量研究[J]. 电机与控制应用,2012,39(8):16－19.

[125] DE KOONING J D M,VANDOORN T L,MEERSMAN B,et al. Impact of Speed Ripple on the Back-emf Waveform of Permanent Magnet Synchronous Machines[J]. IET Electric Power Applications,2013,7(5):400－407.

[126] 罗振华. 车载空调压缩机用内置式永磁同步电机优化设计分析[D]. 赣州:江西理工大学,2018.

[127] 郑怡. 电动汽车增程器用永磁同步发电机的设计研究[D]. 天津:天津大学,2014.

[128] DUBOIS M R,TROVAO J P. EMF Waveform Optimization Using the Permanent Magnet Volume-integration Method[J]. CES Transactions on Electrical Machines and Systems,2017,1(2):189－198.

[129] 王步来,刘祥盛,吉修涛,等. 基于DX永磁同步电机优化设计[J]. 电气传动,2018,48(9):77－81.

[130] 秦本才,周翔. 大型低速永磁同步风力发电机电磁设计[J]. 电机技术,2017(4):9－13.

[131] YAMAZAKI K,ISHIGAMI H. Rotor-Shape Optimization of Interior-Permanent-Magnet Motors to Reduce Harmonic Iron Losses[J]. IEEE Transactions on Industrial Electronics,2010,57(1):61－69.

[132] 卜建国. 压燃式重油航空活塞发动机飞轮电机设计与优化方法研究[D]. 北京:清华大学,2018.

[133] DAVEY K R. Latin Hypercube Sampling and Pattern Search in Magnetic Field Optimization Problems[J]. IEEE Transactions on Magnetics,2008,44(6):974－977.

[134] 周威. 面向大规模Agent的近正交拉丁超立方实验设计方法研究[D]. 长沙:国防科学技术大学,2015.

[135] 伍国军,陈卫忠,谭贤君,等. 基于拉丁超立方抽样的有限元可靠度程序开发及应用[J]. 岩土力学,2015,36(2):550－554.

[136] 蒋立志,蔡琦,张永发,等. 拉丁超立方抽样在非能动系统可靠性分析中的应用与发展[J]. 核科学与工程,2017,37(5):879－887.

[137] JOSEPH V R,GUL E,BA S. Maximum Projection Designs for Computer Experiments[J]. Biometrika,2015,102(2):371－380.

[138] JOSEPH V R. Space-filling Designs for Computer Experiments:A review[J]. Quality Engineering,2016,28(1):28－35.

[139] BU J G,ZHOU M,LAN X D,et al. Optimization for Airgap Flux Density Waveform of

Flywheel Motor using NSGA-2 and Kriging Model Based on MaxPro Design[J]. IEEE Transactions on Magnetics,2017,53(8):Art. no. 8203607.

[140] 赖宇阳,姜欣. Isight 参数优化理论与实例详解[M]. 北京:北京航空航天大学出版社,2012.

[141] 许国根,赵后随,黄智勇. 最优化方法及其 MATLAB 实现[M]. 北京:北京航空航天大学出版社,2018.

[142] 夏斌. 基于 Kriging 模型的开关磁阻电机优化设计[D]. 沈阳:沈阳工业大学,2012.

[143] MEHTA D M,PANT R S,LAKSHMIPATHY S,et al. Surrogate Based Design Optimization of Aerostat Envelope[C]//AIAA Lighter-Than-Air Systems Technology (LTA) Conference. Daytona Beach,Florida,Mar. 2013:43-50.

[144] 宛然. 航天用高压电源模块仿真建模与多目标稳健设计研究[D]. 哈尔滨:哈尔滨工业大学,2015.

[145] SHUAI L,YIPING W,TAO W,et al. Optimization of Heat Exchangers with Dimpled Surfaces to Improve the Performance in Thermoelectric Generators Using a Kriging Model[J]. Journal of Electronic Materials,2017,46(5):3062-3070.

[146] DEB K,PRATAP A,AGARWAL S,et al. A Fast and Elitist Multiobjective Genetic Algorithm:NSGA-Ⅱ[J]. IEEE Transactions on Evolutionary Computation,2002,6(2):182-197.

[147] 周放. 车载复合电源系统参数优化及能量管理策略研究[D]. 长春:吉林大学,2017.

[148] LOCKWOOD B. Pareto Efficiency[M]. London:Macmillan Publishers Ltd (eds) The New Palgrave Dictionary of Economics,Palgrave Macmillan,2018.

[149] 于瀛霄. 插电式混合动力汽车动力总成参数匹配及控制策略研究[D]. 锦州:辽宁工业大学,2014.

[150] 王蓓,赵廷弟,焦健. 基于有限状态机的安全性仿真技术[J]. 北京航空航天大学学报,2011,37(4):428-432.

[151] 蒋宗礼,姜守旭. 形式语言与自动机理论[M]. 北京:清华大学出版社,2003.

[152] 冀杰,黄岩军,李云伍,等. 基于有限状态机的车辆自动驾驶行为决策分析[J]. 汽车技术,2018(12):1-7.

[153] 杨芳. 混联式混合动力汽车动力系统及控制策略的仿真研究[D]. 太原:中北大学,2017.

[154] 孙超. 混合动力汽车预测能量管理研究[D]. 北京:北京理工大学,2016.

[155] 林歆悠. 混联式混合动力客车功率均衡能量管理控制策略研究[D]. 重庆:重庆大学,2011.

[156] 刘乐. 串联混合动力汽车建模与能源管理系统控制策略研究[D]. 长春:吉林大学,2011.

[157] ERICSSON E. Independent Driving Pattern Factors and their Influence on Fuel-use and Exhaust Emission Factors[J]. Transportation Research Part D-Transportand

Evirnoment,2001,6(5):325-345.

[158] WON J S,LANGARI R. Intelligent Energy Management Agent for a Parallel Hybrid Vehicle[C]//American Control Conference. IEEE,2003.

[159] 邓涛,卢任之,李亚南,等.基于LVQ工况识别的混合动力汽车自适应能量管理控制策略[J].中国机械工程,2016,27(3):420-425.

[160] 杨官龙.基于驾驶意图与工况识别的插电式混合动力汽车能量管理策略研究[D].重庆:重庆大学,2014.

[161] 蒋通.基于工况识别的PHEV自适应等效燃油最小能量管理策略研究[D].合肥:合肥工业大学,2019.

[162] 符晓玲.混合动力电动汽车参数优化匹配与能量管理策略研究[D].济南:山东大学,2015.

[163] 罗少华.基于工况识别的混联式混合动力汽车能量管理策略研究[D].重庆:重庆大学,2016.

[164] 白东明.基于工况识别的CNG混合动力公交车控制策略优化研究[D].长春:吉林大学,2014.

[165] 秦大同,詹森,漆正刚,等.基于K-均值聚类算法的行驶工况构建方法[J].吉林大学学报(工学版),2016,46(2):383-389.

[166] 周亚洲.基于工况识别的混合动力汽车能量管理与瞬态过程协调控制[D].马鞍山:安徽工业大学,2018.

[167] 石琴,仇多洋,吴冰,等.基于DL-MOPSO算法的等效燃油消耗最小能量管理策略优化研究[J].汽车工程,2018,40(9):1005-1013.

[168] 盛伟辉.基于NEDC工况的两档纯电动汽车动力系统参数匹配及控制策略研究[D].西安:长安大学,2019.

[169] 吕娜娜,郭林,曲金玉,等.基于粒子群算法的汽车TBW综合换挡规律研究[J].广西大学学报(自然科学版),2019,44(3):647-656.

[170] 余天啸.多动力源下AMT复合换挡规律优化研究[D].北京:北京理工大学,2017.

[171] 徐士强.三轴插电式混合动力轻型商用车AMT换挡控制策略与机构优化[D].长春:吉林大学,2017.

[172] 邓衡.并联式混合动力汽车AMT无动力中断换挡控制策略研究[D].镇江:江苏大学,2019.

[173] 雷蕾.并联式混合动力客车动力系统参数匹配及换挡规律研究[D].武汉:武汉理工大学,2017.